사자처럼 자신 있게, 으르렁!

옮긴이 한성희

텍사스 A&M 대학교 석사 과정에서 저널리즘을 전공했고, 현재 엔터스코리아에서 전문 번역가로 활동 중입니다. 주요 역서로는 《우리도 할 수 있어!》《세계 문화 여행 : 필리핀》《세상이 왜 물에 잠겼을까?》《창문》《상자 안에 무엇이 있을까?》《모자는 왜 화가 났을까?》《할아버지를 그리며》《DQ 디지털 지능》《지구를 도와줘!》《지구를 지켜 줘!》 등이 있습니다.

사자처럼 자신 있게, 으르렁!

초판 1쇄 발행 2023년 10월 18일

글 칼리 소로시악 | **그림** 케이티 워커
디자인·아트디렉션 사라 다비 | **옮김** 한성희

편집장 천미진 | **편집책임** 최지우 | **편집** 김현희
디자인 디자인DAO | **마케팅** 한소정 | **경영지원** 한지영
펴낸이 한혁수 | **펴낸곳** 도서출판 다림 | **등록** 1997.8.1. 제1-2209호
주소 07228 서울시 영등포구 영신로 220 KnK 디지털타워 1102호
전화 02-538-2913 | **팩스** 070-4275-1693 | **전자우편** darimbooks@hanmail.net
블로그 blog.naver.com/darimbooks | **다림 카페** cafe.naver.com/darimbooks

ROAR LIKE A LION
Text ⓒ Carlie Sorosiak, 2021
Illustrations ⓒ Katie Walker, 2021
Design and art direction by Sarah Darby
All rights reserved.

Korean translation copyright ⓒ 2023 by DARIM PUBLISHING CO.
Korean translation rights arranged with DAVID FICKLING BOOKS LIMITED through EYA Co.,Ltd

이 책의 한국어판 저작권은 EYA Co.Ltd를 통해 DAVID FICKLING BOOKS LIMITED와 독점 계약한 도서출판 다림이 소유합니다.
저작권법에 의하여 한국 내에서 보호를 받는 저작물이므로 무단 전재 및 복제를 금합니다.

ISBN 978-89-6177-319-5 (73470)

이 책 내용의 일부 또는 전부를 사용하려면 반드시 저작권자와 도서출판 다림의 서면 동의를 받아야 합니다.
책값은 뒤표지에 있습니다.

제품명: 사자처럼 자신 있게, 으르렁! | 제조자명: 도서출판 다림 | 제조국명: 대한민국
전화번호: 02-538-2913 | 주소: 서울시 영등포구 영신로 220 KnK 디지털타워 1102호
제조년월: 2023년 10월 18일 | 사용연령: 10세 이상
※KC마크는 이 제품이 공통안전기준에 적합하였음을 의미합니다.

⚠ 주 의
아이들이 책을 입에 대거나 모서리에 다치지 않게 주의하세요.

사자처럼 자신 있게, 으르렁!

진짜 '나'를 찾기 위한 동물들의 전지적 참견 시점

칼리 소로시악 글   케이티 워커 **그림**

다림

'페니와 워커 가족
그리고 제이크에게.'

– 케이티 워커

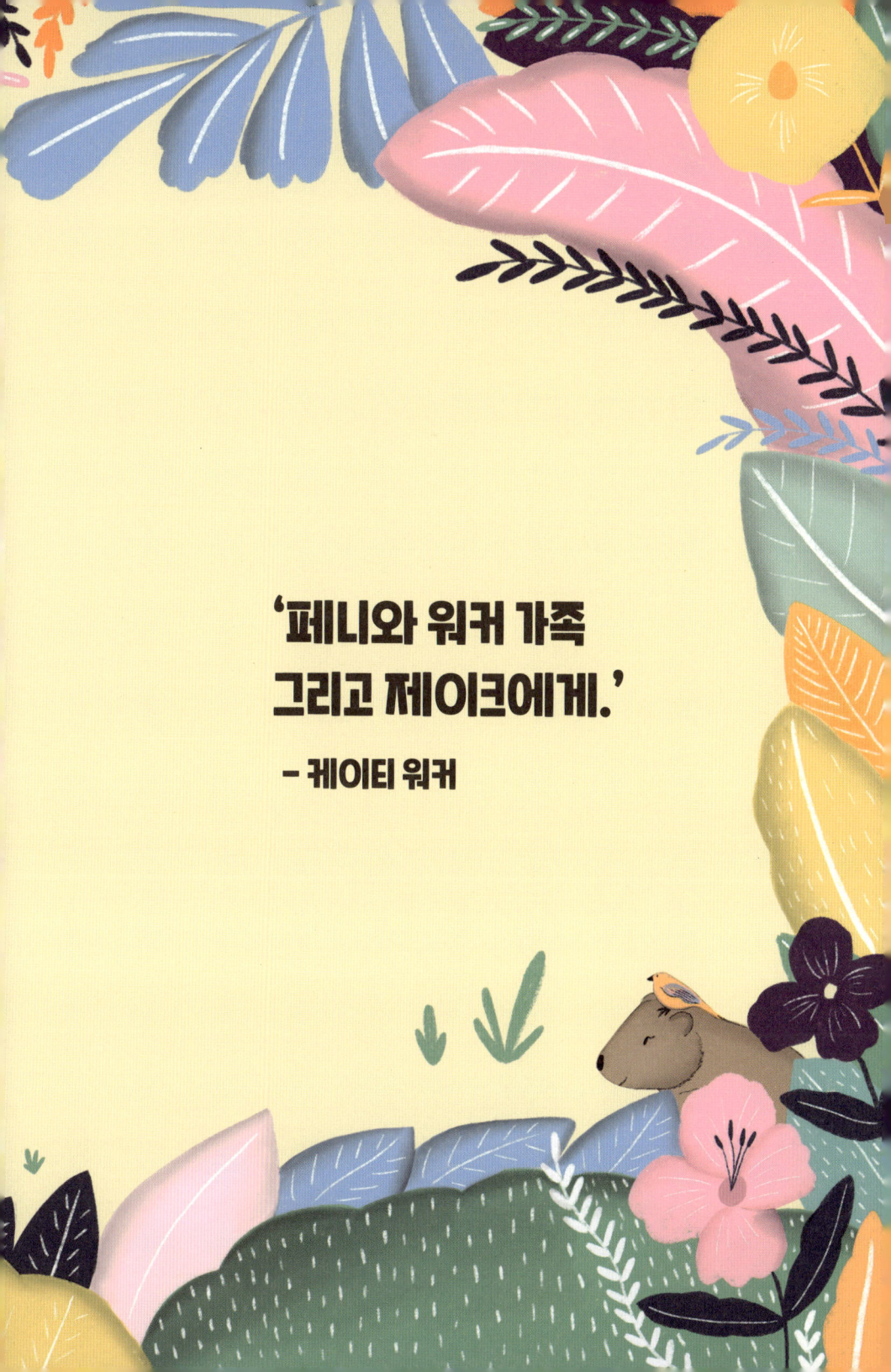

차례

시작하며
발자국을 따라서 ･･･････････ 8

1장.
나답게 행동하자! ････････････ 12
- 내 모습 받아들이기

2장.
자신 있게 으르렁거리자! ････ 32
- 자신감 찾기

3장.
함께할 무리를 찾아보자 ････ 52
- 진정한 친구 찾기

4장.
커다란 굴을 파자! · · · · · · · · 72
- 친절 베풀기

5장.
가시를 보여 주자! · · · · · · · · 90
- 용기 발견하기

6장.
계속해서 헤쳐 나가자! · · · 110
- 다시 일어서기

7장.
기쁨을 찾자! · · · · · · · · · · · 130
- 행복 느끼기

마치며
발자국이 이끄는 곳 · · · · · · · 148

발자국을 따라서

저는 어렸을 때 동화 속 주인공이 늘 부러웠어요. 주인공은 엉큼한 늑대의 귓속말이나 개구리들의 소란스러운 수다 소리, 당나귀의 재치 있는 임기응변을 알아들을 수 있었으니까요. 동물이 사람처럼 말을 할 수 있다면, 할 말이 아주아주 많았을 거라 생각했어요.

물론, 지금도 그렇고요. 딱 하나 달라진 게 있다면, 이제는 제가 그들의 말을 이해할 수 있다는 거예요. 사람의 말이 아닐 뿐, 동물들은 자신만의 방법으로 우리에게 이야기하고 있어요. 용감한 고슴도치, 회복이 빠른 판다, 언제나 긍정적인 카리부처럼 동물들은 자신의 재주와 삶의 지혜를 숨김없이 솔직하게 보여 주고 있어요.

이 책은 우리가 동물들의 이야기에 어떻게 귀를 기울여야 하는지 알려 줄 거예요. 또 왜 그래야 하는지도요.

사람으로 산다는 건, 꽤나 피곤한 일이에요.

이 책을 읽고 있다면, 아마도 여러분은 사람이겠죠? 만약 웜뱃이나 두더지라면 글을 읽지 못할 테니까요. 설마 웜뱃과 두더지가 글을 못 읽는 척하고 있는 건 아니겠죠? 어쨌든, 사람은 고민과 걱정을 잔뜩 지고 살아가요.

사람들은 다른 사람이 나를 어떻게 생각하는지 끊임없이 궁금해하죠. 다른 사람과 나를 비교하며, '나는 왜 이것밖에 못 할까?' 자책하기도 해요. 그럴 때 우리의 마음은 너무 불편하고 답답해요. 하지만 지금부터, 여러분은 이 책에 나오는 동물들처럼 말하게 될 거예요.

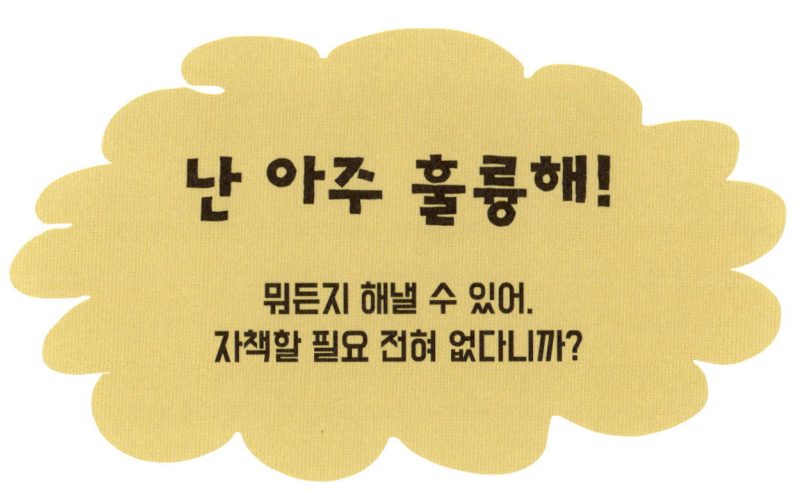

하늘에서, 땅에서, 산에서, 바다에서! 온 지구의 슬기로운 동물들이 전하는 귀중한 조언을 얻게 될 거예요. 강아지는 침착하게 호흡을 가다듬는 법을, 범고래는 멈추지 않고 헤엄쳐 나가는 법을 우리에게 알려 줄 거예요. 주위의 시선을 전혀 신경 쓰지 않고 제 일을 하는 펭귄도 있고요. 제각각의 방법으로 위기를 극복하는 동물들을 보며, 나는 어떻게 하면 좋을지 생각해 보아요. 오리너구리가 한마디 하네요. "남들과 나는 다르다는 걸 그냥 받아들여!" 또 고슴도치는 이렇게 말해요. "뾰족한 가시는 아껴 써야 해!"

침팬지에게 무언가를 배우는 게 익숙하지 않을 수 있어요. 고단한 하루 끝에 굳이 비둘기를 떠올리고 싶지 않을 수도 있지요. 하지만 침팬지나 비둘기 혹은 또 다른 동물들은 아주 특별한 방법으로 우리를 이끌어 줄 거예요.

왜냐하면,

우리는 동물들과
크게 다르지 않기 때문이죠.

인간은 여러모로 독특한 동물이에요. 예를 들어, 우리는 텔레비전을 좋아해요. 또 바지와 티셔츠를 입어요. 돌고래라면 절대 하지 않을 행동들이죠. 하지만 때때로 우리는 숲에 사는 동물들처럼 행동하기도 하고, 바다에서 헤엄치는 동물들처럼 생각하기도 해요. 우리는 어쨌든, 지구라는 동물의 왕국 안에 살고 있으니까요!

우리는 고양이처럼 꿈을 꾸고, 고래처럼 슬퍼하기도 하고, 원숭이올빼미처럼 끈끈한 우정을 맺기도 해요. 어느 날엔 희망에 잔뜩 부풀었다가, 또 어느 날엔 두려움에 허우적대죠. 우리의 마음속 아주아주 깊은 곳에는 동물들이 살고 있어요.

그리고 이 책을 읽는 여러분에게는 이제 그 동물들의 목소리가 들리기 시작할 거예요. 그 소리는 귀를 기울이면 기울일수록 점점 더 또렷해질 거예요.

동물들은 있는 모습 그대로
이미 너무나 훌륭해요.

이 책에 나오는 모든 동물들은 날이 맑든 흐리든 수천만 년을 살아왔어요. 수차례 폭풍우를 만났고, 재난을 견뎌 냈죠. 동물들이 여전히 지구에서 걷고, 뛰고, 날아다닐 수 있는 이유는 단순해요. 바로 있는 그대로의 모습으로 충실히 살아왔기 때문이죠.

얼룩말은 여러분을
이러쿵저러쿵 평가하지 않아요.

청개구리나 코알라, 카피바라도 마찬가지죠. 동물들은 결코 서로를 함부로 평가하지 않아요. 꿀벌은 춤을 추며 개성을 표현해요. 까마귀는 까악까악 울며 자신감을 과시하고요. 이 책의 동물들은 어떻게 하면 여러분이 가장 친절하고, 용감하고, 행복한 '최고의 나'가 될 수 있을지 알려 줄 거예요.

모래 위에 찍힌 발자국을 따라가 보세요.

1장
나답게 행동하자!

내 모습 받아들이기

여러분은 정말 소중하고
특별한 사람이에요.

동물의 왕국 전체를 통틀어서 이 세상 누구도 여러분처럼
똑똑하고, 창의적이고, 특별한 개성을 가지지 못했어요.
이건 정말 대단하고 경이로운 일이에요.

세상에서 단
하나뿐인 존재죠.

그런데 왜 우리는 자신이 이토록 놀랍고 대단한 존재라는 걸 모르고 살아갈까요?
있는 그대로의 내 모습을 받아들이는 게 왜 이렇게 어려울까요?

대부분의 사람들은 자신이 특별하다는 것을 믿지 않아요.
또 항상 자신만의 행복을 찾아내는 것도 아니죠.
다른 사람과 잘 어울리려면 그들과 달라선 안 된다고 생각할 때가 많아요.
정해진 대로 말하고, 행동하고, 생각해야 한다고 믿지요.

여러분도 혹시 그렇게 생각하고 있나요?

그건 마치 매에게 비둘기가 되라고 하는 것과 같아요. 아니면 소에게 말이 되라고 한다거나요.

나답게 행동하지 못하고 남들의 눈을 의식하며 행동할 때 우리는 괴로워져요. 여러 연구에 따르면 진정성, 즉 가장 나다운 모습으로 있는 것이 행복해지는 비결이라고 해요.

➡ 그래서 동물들이 우리를 도와줄 수 있어요.

동물들은 항상 가장 자기다운 모습으로 있거든요. 이 장에서는 여러분이 가진 창의성과 엉뚱함, 세상을 바라보는 독특한 시선을 있는 그대로 받아들이고 또 표현할 수 있도록 도와줄 다양한 동물들을 만나게 될 거예요. 동물들은 "가장 나다운 모습을 세상에 마음껏 드러내!"라고 여러분에게 이야기하고 있어요.

단, 수달은 물 수 있으니 조심하세요.

나는 수많은 사람 중 하나일 뿐?

내가 세상에 단 하나뿐인, 아주 특별한 존재라고는 하지만 실감하지 못할 때가 많아요. 오히려 다른 사람과 별다를 바 없는, 아주 평범한 사람인 것만 같은 느낌이 들기도 하죠.

공원에 있는 비둘기를 보세요. 비슷비슷한 잿빛 비둘기들을 한 마리씩 구별해 내기는 어려워 보여요. 그런 비둘기 무리를 보며 '꼭 나 같은데?'라고 생각해 본 적이 있나요? '난 그저 수많은 사람 중 하나일 뿐이야. 절대 눈에 띄지 않지.' 하고요. 심지어 '나에겐 특별한 게 하나도 없어.'라고 좌절했을지도 몰라요.

그때, 비둘기가 뒤뚱뒤뚱 여러분에게 다가가 구구거리며 말을 걸어요. '넌 우리에 대해 잘못 알고 있어!'라고 외치죠. 언뜻 보면 비둘기들은 다 비슷비슷해 보이지만, **사실 비둘기는 저마다 놀라울 정도로 특별한 개성을 뽐내고 있답니다.**

통신병 비둘기

제1차 세계 대전에서 '셰르 아미'라는 이름을 가진 비둘기는 쪽지를 배달해 200명 가까운 군인의 목숨을 구했어요. 미군 77 보병 사단은 적군 진영에 너무 깊숙이 들어간 나머지, 아군의 폭격에 갇히고 말았어요. 이때, 부대원들에게 남은 희망이라곤 윤기가 흐르는 은빛 새, 셰르 아미밖에 없었어요. 셰르 아미는 아군에게 '우리는 지금 포위되어 위기에 처함. 신속히 구출 바람.'이라고 알리는 쪽지를 다리에 묶고 날아갔어요. 셰르 아미는 날아가는 동안에 크고 작은 부상을 입었지만, 뛰어난 방향 감각과 비할 데 없는 용기로 끝까지 버틴 끝에 임무를 성공적으로 마쳤어요. 미군은 쪽지에 적힌 지원 요청을 읽고 급히 달려가 77 보병 사단을 구할 수 있었지요.

미술 평론가 비둘기 ➡️ 일본에서는 여러 마리의 비둘기를 대상으로 이 그림이 피카소의 그림인지, 아니면 모네의 그림인지 구별하게 하는 실험을 했어요. 비둘기들은 그림을 구별하는 법을 배웠지요. 게다가 연구원들은 근처 초등학교에서 아이들이 그린 그림을 가져와서, "어떤 그림이 좋은 그림이지?"라고 비둘기들에게 물었어요. 똑똑한 비둘기들은 질감, 구성, 디테일을 잘 표현한 그림을 골라냈어요. 공원에 있는 비둘기들이 이런 일을 할 수 있으리라고 상상이나 했을까요?

의사 비둘기 ➡️ 미국 캘리포니아의 한 연구원에서 비둘기는 놀라운 모습을 보여 주었어요. "적어도 이 분야에서만큼은 우리도 의사 못지않지!" 하나는 암이고 다른 하나는 암이 아닌 세포 표본과 엑스선 촬영 영상을 보여 주었을 때, 이 똑똑한 비둘기들은 이렇게 진단할 수 있어요. "이건 상태가 좋지 않네요. 제가 좀 살펴봐도 될까요?"

다른 사람들은 내가 무얼 할 수 있고 할 수 없는지, 내가 어떤 사람이고 어떤 사람이 되어야 하는지 겉모습만 보고 판단할 때가 있어요. 하지만 겉모습과 실제 능력은 전혀 상관이 없어요. 이제부터 나에 대해 이러쿵저러쿵 함부로 판단하는 사람이 있다면 말해 주세요. 공원에 모여 있는 저 비둘기들의 특별한 이야기를요!

**모두에겐 저마다의 특별한 이야기가 있는 법!
여러분은 그저 무리 중 일부가 아니에요.
그 이상의 가치를 가진 특별한 존재랍니다.**

남들과 다른 나를 받아들여요.

가끔 세상과 동떨어져 있다는 기분이 들 때가 있나요? 마치 이 세상과 나는 어울리지 않는 것 같은 낯설고 이상한 기분 말이에요. 그럴 때는 **오리너구리**를 떠올려 보세요.

이 동물을 보면 무엇이 가장 먼저 눈에 띄나요?

발뒤꿈치에 툭 튀어나온 커다란 독 가시?

오리처럼 생긴 주둥이?

개구리처럼 물갈퀴가 달린 발가락?

18세기에 유럽의 탐험가들이 호주 남동쪽에 있는 태즈메이니아섬에 도착했어요. 탐험가들은 강둑을 따라 뒤뚱뒤뚱 걷는 오리너구리를 발견하고서 너무 이상하게 생겼다며 고개를 갸웃거렸지요. 심지어 진짜라고 믿지도 않았어요. 누군가 조작해서 가짜로 만들어 낸 동물이라고 생각했지요. '새처럼 알을 낳는 포유류라니, 말도 안 돼!'라고 말했어요.

그런데 오리너구리는 공룡이 있었던 시대부터 모습을 거의 바꾸지 않고 쭉 살아남았어요. 생존에 있어선 전문가였죠. 오히려 그들이 보기엔 인간이 신기했을지도 몰라요. '저렇게 뾰족한 코랑 뭉툭한 혀를 갖고도, 어떻게 살아남을 수 있을 거라 생각하지?' 하고 말이에요.

사람들은 자기가 잘 이해하지 못하면 이상하다고 단정 지어 말하는 나쁜 버릇이 있어요. '이상하다' 외에도 희한하다, 낯설다, 어색하다, 불편하다 같은 표현을 쓰기도 하지요. 여러분이 형광 빛깔의 옷을 입는다거나, 다른 사람들과 다른 종교를 믿을 수도 있어요. 어떤 사람들은 이런 모습을 보고, '어, 나랑 다르잖아? 이상해.'라고 말하기도 해요.

하지만 이 '다름'은 우리를 더 강하고 뛰어나게 만들죠.

오리너구리는 그 이상한 물갈퀴 덕분에 태즈메이니아섬의 차가운 강에서 더 빠르게 헤엄칠 수 있었어요. 발뒤꿈치의 독은 어떨까요? 위험한 적으로부터 오리너구리를 수도 없이 구해 주었을 거예요.

뒤로 물러서!

오리처럼 생긴 이상한 주둥이는 먹잇감에서 흘러나오는 자기장을 감지할 수 있어요. 그래서 눈을 꼭 감고도 사냥할 수 있어요.

특별한 존재가 된다는 건 남들과 다르게 보고, 다르게 생각하고, 다르게 행동한다는 뜻이에요. 오리너구리는 있는 그대로의 자기 모습을 받아들였어요. 그랬기 때문에 1억 2천만 년 동안 살아남을 수 있었지요. **오리너구리가 이상한 주둥이와 독 가시와 물갈퀴를 기꺼이 받아들였듯,**

우리도 나만의 개성을 받아들일 수 있어요!

나답게 행동해도
괜찮아요!

동물의 생김새와 크기가 다 제각각인 것처럼 사람의 성격이나 행동도 모두 달라요. 나도 다른 사람과는 다르게 엉뚱한 모습을 보일 때가 있어요. 방에서 혼자 춤을 춘다거나, 아니면 아무도 시도한 적 없는 새로운 요리를 만들기도 하죠. 혹은 누가 듣든 말든 갑자기 노래를 내지를 때도 있지요.

그래도 돼요.
아니, 오히려 멋져요!

그 이유는 동물들이 천천히 알려 줄 거예요.

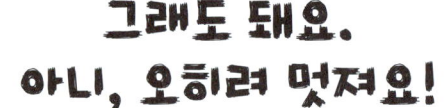

조심해요! 수달이 다가오고 있어요!

이들의 귀여운 모습에 속으면 안 돼요! 바다에 사는 해달과 강에 사는 수달은 가까운 친척 사이예요. 둘은 강한 턱과 날카로운 이빨로 먹이를 아주 단단히 물어요. 그런데 해달의 가장 큰 자랑거리는 우적우적 잘 씹을 수 있는 턱과 이빨이 아니에요. 오랜 시간 진화해 오면서 터득한 생존 능력이 가장 큰 필살기지요.
오직 해달만이 펼칠 수 있는 특별한 기술이랍니다.

손잡고 둥둥!

야생에서 해달은 종종 서로 손을 꼭 잡고 자요. 그렇게 하면 물 위에 둥둥 뜬 채로 잠을 자도 멀리 떨어진 바다까지 혼자 떠내려가지 않으니까요. 가족이나 친구를 잃을 염려가 없지요.

해초로 돌돌!

새끼 해달은 지구에 사는 동물 가운데 털이 가장 촘촘해요. 여러분의 머리카락보다 약 1,000배나 더 촘촘하죠. 그런 털을 매일 빗질한다고 상상해 보세요! 새끼 해달은 헤엄을 썩 잘 치지 못해서 털이 물에 잘 떠 있도록 진화했어요. 문제는 어미 해달이 사냥을 나간 사이에 새끼 수달이 떠내려갈 수도 있다는 거죠. 하지만 걱정하지 마세요! 어미 해달이 김밥 말듯, 새끼 해달을 해초로 돌돌 말아 놓을 테니까요. 그러면 새끼 해달은 바다 밑바닥에 뿌리를 내린 해초에 꽉 묶인 채로, 편안하고 기분 좋게 둥둥 떠 있을 수 있어요.

돌을 탁탁!

꽝꽝! 탁탁! 이 소리는 해달이 맛있는 아침을 먹으려고 조개껍데기를 깨는 소리예요. 해달은 가슴 위에 조개를 올려놓고 돌로 꽝꽝 쳐서 열죠. 영리하기로 유명한 돌고래조차도 도구로 돌을 사용하지 않아요! 도구를 사용하는 해양 포유동물은 해달밖에 없어요. 해달은 특히 마음에 쏙 드는 돌멩이를 발견하면 겨드랑이 밑의 주머니에 넣어 둬요. 맞아요, 해달에게는 주머니가 있어요! 겨드랑이 밑 작은 피부 덮개 속에 나중에 쓸 물건을 보관할 수 있지요.

해달만큼 특별한 생존 능력을 가진 동물이 여기 또 있어요.

바로 쓰레기 판다, 라쿤이에요!

'쓰레기 판다'는 외국의 누리꾼들이 부르는 라쿤의 별명이에요. 북아메리카의 라쿤은 쓰레기통을 마구 뒤져서 먹다 버린 음식을 찾아내요. 검은 복면을 쓰고 쓰레기를 훔치는 털북숭이 동물이죠.

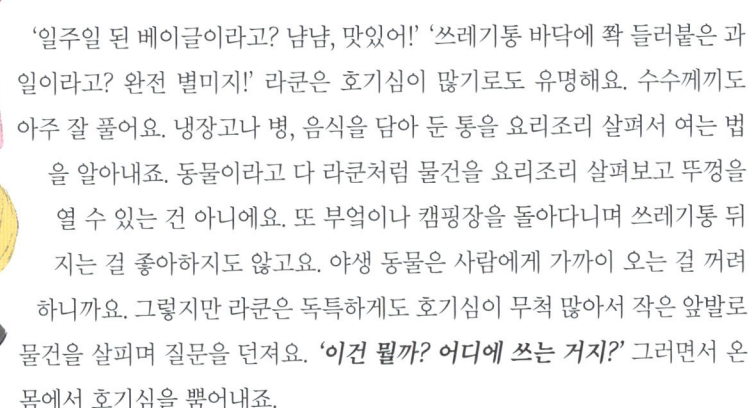

'일주일 된 베이글이라고? 냠냠, 맛있어!' '쓰레기통 바닥에 쫙 들러붙은 과일이라고? 완전 별미지!' 라쿤은 호기심이 많기로도 유명해요. 수수께끼도 아주 잘 풀어요. 냉장고나 병, 음식을 담아 둔 통을 요리조리 살펴서 여는 법을 알아내죠. 동물이라고 다 라쿤처럼 물건을 요리조리 살펴보고 뚜껑을 열 수 있는 건 아니에요. 또 부엌이나 캠핑장을 돌아다니며 쓰레기통 뒤지는 걸 좋아하지도 않고요. 야생 동물은 사람에게 가까이 오는 걸 꺼려 하니까요. 그렇지만 라쿤은 독특하게도 호기심이 무척 많아서 작은 앞발로 물건을 살피며 질문을 던져요. '이건 뭘까? 어디에 쓰는 거지?' 그러면서 온몸에서 호기심을 뿜어내죠.

여기 자기만의 길을 가는 동물이 또 있어요.

　이 펭귄, 정말 귀엽지 않나요? 이 한 쌍의 수컷 젠투펭귄은 호주 시드니에 있는 씨 라이프 수족관에 살고 있는데, 호주인들의 마음을 단단히 사로잡았어요. 특이하게도 수컷 펭귄 둘이 함께 새끼를 기르거든요. 같은 수컷이나 암컷끼리 새끼를 키우는 건 흔치 않은 일이에요.

　한번은 수족관 직원이 호기심에 가짜 알을 가져다줬어요. 그랬더니 두 펭귄은 이 가짜 알을 서로 번갈아 가며 품는 거예요. 펭귄들이 알을 정말 잘 돌보는 걸 보고는 직원이 이번엔 진짜 알을 가져다줬어요. **그리고 둘은 남들이 뭐라고 하든 말든, 자신의 뜻대로 알을 품었어요.**

　이처럼 동물의 왕국에서는 남들과 똑같이 행동하지 않아도 괜찮아요. 해달은 여러 방법을 시도한 덕분에 살아남는 법을 터득했어요. 라쿤에게 호기심이 없었다면 그렇게나 맛있는 먹거리를 다 맛보지 못했을 거예요. 호주의 두 젠투펭귄은 다른 펭귄이나 사육사를 신경 쓰지 않고, 서로의 목소리에만 귀를 기울였어요. 그렇게 돈독한 육아 파트너가 되었지요.

내가 다른 사람과 너무 다른 건 아닐까 걱정된다면, 당당하게 자신만의 방법으로 살고 있는 이 동물들을 떠올려 보세요.

호기심을 펼쳐 봐!
새로운 것에 도전해 봐!
나답게 행동해 봐!

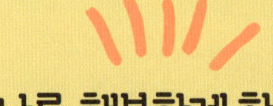

나를 행복하게 하는 일을 찾아보세요!

자신만의 길을 가는 동물들을 보며 여러분이 오직 하나뿐인 존재라는 걸 다시 한번 깨닫게 됐어요. 제각기 다르게 보고, 다르게 생각하고, 다르게 행동할 수 있다는 걸 알고 있죠. 하지만 다른 사람이 좋아하는 걸 나도 좋아해야 할 것 같은 느낌을 받은 적은 없나요? **지난 몇 달 동안, 어떻게 하면 행복해질 수 있을까 잠깐이라도 생각해 본 적이 있나요? 정말로 행복했던 적은요?**

콩고를 만나 봐요.

콩고는 1950년대의 화가예요.
콩고가 그린 작품을 감상해 보세요.

색을 신중하게 고르고 있는 콩고를 보세요. **노랑** 다음에 **초록**, 이제 **빨강**을 골랐네요. 콩고가 새하얀 도화지에 붓을 획획 휘두르는 모습도 지켜보세요. '흠, 뭐가 빠졌지? 색깔이 부족하군. 노랑을 더, 빨강을 더!' 콩고는 아주 열심히 집중하고 있어요. 잠시 후 콩고는 몸을 뒤로 젖히고 자기가 그린 작품을 감탄하듯 바라보더니 새 도화지를 달라고 해요. 콩고에게 그림은 단순한 일이 아니라 창의적인 표현이에요.

침팬지는 굉장히 똑똑해서 도구를 잘 사용하고, 규칙과 질서가 있는 무리를 만들고, 인간과 수화로 소통할 수 있어요. 그만큼 침팬지는 영리한 동물이고 콩고처럼 저마다 재능과 개성을 가지고 있어요. 여러분이 제각각의 성격을 가진 것처럼, 침팬지도 성격이 다 달라요. 어떤 침팬지는 소심하고, 어떤 침팬지는 외향적이에요. 그리고 어떤 침팬지의 그림은 나중에 런던의 한 경매장에서 1,900만 원에 팔려요!

콩고의 그림은 오직 콩고만이 그릴 수 있어요. 자신만의 아이디어와 표현이 있거든요. 게다가 영리하기까지 한 콩고는 아주 유명해졌어요. 파블로 피카소와 호안 미로처럼 아주 유명한 화가도 콩고의 그림을 좋아하게 됐지요. 수많은 사람이 콩고의 팬이 되었죠. 콩고는 약 400점가량의 그림을 그리면서 자기 마음속에 있는 무언가를 끄집어냈어요. 창의력을 펼쳤을 때 뿜어져 나오는 기쁨이었죠. 머릿속에서 빙빙 맴돌던 놀라운 아이디어를 그림으로 마음껏 표현했어요.

누구도 콩고에게 그림을 그리라고 시키지 않았어요.

"이런 색깔과 이런 주제를 그려 봐."라고 정해 주지 않았어요.

만약 누군가가 콩고 옆에 서 있었다면, 콩고는 아마 "저리 가, 나는 영감을 표현하느라 바쁘단 말이야."라고 말했을 거예요. 콩고는 자기 마음을 표현하기 위해 그림을 그렸어요. 결코 '난 모네처럼 그려야 해. 아니야, 피카소처럼 그려야 해.'라고 생각하지 않았지요. 콩고의 태도가 굉장히 멋지지 않나요?

콩고는 아주 중요한 걸 찾아냈어요.
나를 행복하게 하는 일!

다른 동물들은 또 어떤 일을 즐기고 있을까요?

수달은 저글링 놀이를 진짜 좋아해요! 요리조리 돌을 굴리는 모습은 정말 귀엽죠. 수달은 한쪽 앞발에서 다른 쪽 앞발로 돌을 툭툭 던져요. 과학자들은 수달이 몸을 잘 쓰기 위해, 발을 더 자유자재로 움직이기 위해 돌 던지기를 연습한다고 생각했어요. 일리 있는 이야기예요. 하지만 최근 연구에서는 수달이 오로지 재미있어서, 그저 놀이로 저글링을 한다는 결과가 나왔어요.

악어에게는 뜻밖의 귀여운 면이 있어요. 어린아이처럼 등에 업히는 걸 좋아하고, 물에서 고무공을 잡으러 다니면서 이빨로 펑 터트리는 놀이를 좋아해요. 아, 어린아이가 이로 고무공을 터트리진 않는다고요? 악어의 넘치는 힘을 이해해 주세요. 악어는 이빨 사이에 꽃을 물고 다니기도 좋아하고, 물속에서 물방울을 내뿜는 것도 좋아해요.

덩치와 별개로 악어보다 더 무시무시한 동물도 있어요. 바로 집고양이예요! 고양이의 날카로운 발톱을 본 적 있나요? 고양이는 가구나 기둥처럼 긁을 수 있는 곳이라면 어디든 발톱 자국을 남기죠. 물론 그게 고양이의 생존 기술이기도 해요. 날카로운 발톱은 사냥감을 잡는 데 아주 유용하거든요. 갸르릉! 사냥의 귀재, 고양이가 소파 할퀴는 소리를 들어 보세요.

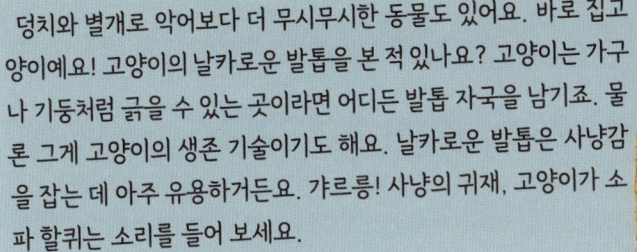

태평양 연안에 사는 연어에게도 즐거운 놀이가 있어요. 공중으로 우아하게 휙 튀어 오르는 연어를 본 적이 있나요? 연구자들은 연어가 단순히 재미 삼아 물 밖으로 튀어 오른다고 말하기도 해요. 연어는 햇빛이 비치는 물에서 반짝이는 몸을 휙 비틀어 첨벙 떨어지는 것을 진심으로 즐기고 있는지도 몰라요. 연어가 말을 할 수 있다면, '와!' 하고 소리를 질렀겠죠?

여러분은 무엇을 할 때 즐겁나요? 춤을 추거나, 글을 쓰고 노래를 부르는 것처럼 마음껏 즐기고 싶은 일이 하나쯤은 분명히 있을 거예요. 누가 억지로 시키지 않아도 스스로 하게 되는 것, 그 일을 할 때만큼은 다른 생각이 전혀 나지 않는 것이요!

그 일을 꽉 잡아요!
그 느낌을 잊지 말아요!

바로 그것이 나를 나답게 만들어 줄 거예요.

한 가지 모습일 필요는 없어요!

앞서 살펴본 여러 동물들처럼 내가 좋아하는 일, 내가 원하는 일을 찾았을 때 문득 한 가지 걱정이 생길 수 있어요. 만약 축구를 좋아한다고 해서, 꼭 축구만 해야 할까요? 그 순간부터 나는 오로지 축구만 좋아하고, 축구만 하는 사람이 되어야 할까요?

학교에서 불리는 별명이 있나요? 혹은 스스로 붙인 별명이라도요. 책벌레라든지, 수다쟁이라든지 아니면 천방지축 말썽꾸러기라든지요. 여러 개의 별명을 가지고 있을 수도 있어요. 걱정하지 마세요. **우리는 모두 여러 가지 모습을 갖고 살아가요.**

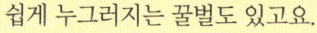
꿀벌도 마찬가지예요.

꿀벌을 멀리서 바라보면 그저 질서 없이 날아다니는 것처럼 보일 수 있어요. 벌집에선 늘 윙윙 요란한 교향곡이 들려오는데, 사실 꿀벌들은 각자 맡은 일을 성실히 해내고 있어요. 일벌이라고 들어 본 적 있나요? 수벌은요? 꿀을 찾아다니는 정찰 벌은요? 이건 모두 꿀벌들이 맡은 역할에 따라 붙은 이름들이에요. 잘 모르는 이들에겐 그저 모두 '꿀벌'이겠지만요.

게다가 최근에는 꿀벌들이 각각 다른 성격을 가지고 있다는 연구가 발표되기도 했어요. 어떤 꿀벌은 낙천적으로 행동하고, 어떤 꿀벌은 더 쉽게 포기한다는 것도 알려졌지요. 또 어떤 꿀벌은 화를 잘 내기도 한대요. 쉽게 누그러지는 꿀벌도 있고요.

꿀벌이 8자를 그리며 춤을 춰요.

알아요, 알아요. 그 모습이 꼭 신이 난 삼촌의 우스꽝스러운 막춤 같다는 것을요. 하지만 8자 춤은 꿀벌들에게 아주 특별해요. 가장 앞서 먹이를 찾는 임무를 맡은 정찰 벌은 벌집을 나와서 꽃가루와 꿀을 찾으러 다녀요. 그리고 마침내 꿀을 발견하면, 정찰 벌은 벌집으로 돌아와 다른 꿀벌들에게 꿀이 있는 곳까지의 거리와 방향을 안내해요. 그때 복잡한 수학 공식처럼 특정한 모양을 그리며 춤을 추죠. 그 춤을 따라 선을 그리면 이런 모양이 된대요. 꼭 사과 같지 않나요?

> 벌 한 마리가 이 대단한 일을 해내요!
> 맨 앞의 꿀벌은 춤을 추며
> 다른 꿀벌들을 이끌죠.

꿀벌은 서로 번갈아 가며 춤을 춰요. 혼자서 계속 추면 금방 지쳐 버릴 테니까요. 즉, 한 마리만 계속 주목받지 않아요. 우리 삶도 그렇죠. 내가 늘 스포트라이트를 받는 건 아니니까요. 하지만 어느 날 갑자기 나만의 재능이나 지혜, 유머 감각을 꺼내 보일 기회가 올 거예요. 모든 사회 집단이 그러하듯, 벌집도 각 벌들의 개성을 필요로 하죠.

여러분이 가지고 있는 개성과 재능에는 엄청난 힘이 있어요.

**자연은 다채로울 때
가장 아름다운 법이에요.**

숲은 다양한 나무가 자라야만 숨을 쉬어요.
바다도 여러 물고기가 살아야만 출렁일 수 있지요.

세상은 여러분의 개성을 필요로 해요.
그러니 우리, 자기 자신에게 당당해져 볼까요?

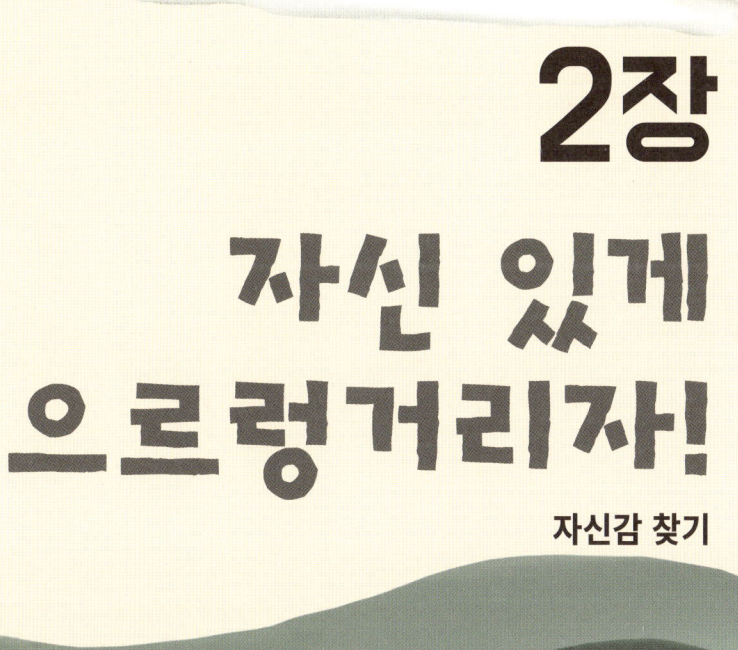

2장
자신 있게 으르렁거리자!

자신감 찾기

우리는 세상을 살아가며 두려움을 느낄 때가 많아요. 낯선 사람들이 있는 곳이나 여러 친구들이 모여 있는 곳에 갈 때 심장이 두근거렸던 경험이 있을 거예요. 손바닥에서 식은땀이 나기도 하고요. 수영장의 높은 다이빙대 끝에 서 있거나, 어려운 악보를 펼쳐 놓고 피아노 건반에 손을 올렸을 때 이런 생각이 불쑥 떠오르기도 해요.

으악!
잘 해내지 못하면 어떡하지?
만약 실수라도 한다면?

동물들에게도 이런 순간이 있어요. 동물들도 두려움을 알고 무서움을 느끼거든요. 하지만 두려움은 한 번 더 생각할 수 있는 기회를 줘요. 때로는 한 발짝 물러나야 할 때라는 걸 알려 주기도 하죠. 그렇다면 우리는 어떻게 두려움에 대처해야 할까요? 수영장에서 다이빙하거나 어려운 피아노 곡을 연주하게 됐을 때, 우리는 어떻게 자신감을 얻어야 할까요?

아주 반가운 질문이에요!
동물들이 기다렸다는 듯 대답하네요.

우리가 용기를 불어넣어 줄게!

우리는 문어와도 닮은 점이 있고, 비버와도 닮은 점이 있어요. 동물과 닮아 있기 때문에 그들에게 많은 것을 배울 수 있지요. 물론, 사슴과는 다른 점도 많아요. 사슴은 털이 있고 뿔도 있잖아요. 또 사자와 개구리랑도 완전히 똑같을 순 없죠. 하지만 우리 모두에겐 이 말이 꼭 필요해요.

난 할 수 있어. 잘 해낼 수 있어!

자신에게 지나치게 엄한 잣대를 내밀지 말아요.

완벽하지 않아도 괜찮아요. 아니, 완벽할 필요가 없어요! 전혀!

이 책에 나오는 동물 중에서 무언가를 '완벽히 해내는' 동물은 하나도 없어요. 그렇다고 해서 그 동물들이 스스로를 하찮게 여기거나 풀이 죽어 있을까요? 그렇지 않아요. 지금부터 동물들이 세밀한 감각을 어떻게 힘으로 바꾸었는지 알아볼 거예요. 어떻게 자기만의 날카로운 발톱을 찾고, 자신감을 쌓을 수 있었는지 차근차근 살펴보아요.

남들과 비교하는 것을 멈추고, 내가 잘하는 것에 집중해요!

사람들은 시종일관 주위를 두리번거려요. 남들이 나보다 얼마나 더 잘하는지, 그래서 얼마나 더 잘 사는지 궁금해하거든요. '나 이거 꽤 잘하네?' 생각하다가도, 고개를 돌리면 나보다 더 똑똑하고 더 용감하고 더 유명한 사람들이 눈에 띄어요. 그리고 그 사람들을 기준으로 나를 판단하죠.

자신감 죽이기나 다름없어요!

동물들은 어떨까요? 만약 동물들이 다른 동물과 자신을 끊임없이 비교했다면 어떻게 됐을까요?

자랑할 만한 일

호주의 연구원들이 잠시 보호했던 야생 까마귀 007에 대한 이야기예요. 007이 할 수 없는 일들을 쭉 적어 볼게요.

- 펭귄처럼 헤엄칠 수 없어요.
- 벌새처럼 허공을 맴돌 수 없어요.
- 타조처럼 빠르게 달릴 수 없어요.
- 앨버트로스처럼 날면서 잘 수 없어요.

- 올빼미처럼 쥐를 통째로 집어삼킬 수 없고, 머리를 270도로 돌릴 수도 없어요.

- 회색앵무새처럼 수백 개의 단어를 말하지 못해요. 사실, 한 마디도 못 하죠.

여기까진 겨우 몇 마리의 새들 하고만 비교한 거예요. 사자, 북극곰, 백상아리 얘기는 꺼내지도 않았어요. 까마귀가 영양을 뒤쫓아 가거나 물개를 위협하는 모습이 상상이나 되나요?

남들과 나를 비교하는 게 얼마나 어리석은 일인지, 이제 알겠죠?

007은 바람처럼 지나가는 말도 모두 귀담아듣는 재주가 있었어요. 그리고 *'이건 내가 제일 잘하는 일이지!'* 라고 스스로에게 말하곤 했죠.

- 난 아주 어려운 퍼즐을 풀 수 있어. 작은 돌멩이와 나뭇가지를 모아서 간식을 꺼내 먹는 것처럼 말이야.

- 난 사람의 얼굴을 5년 동안이나 기억할 수 있어. 그리고 친구와 정보를 공유할 수도 있지. "이봐, 수염 난 농부를 조심해! 깍깍!"

- 난 내 마음속을 살펴볼 수도 있어. 곰곰이 그리고 찬찬히 들여다보곤 해.

까마귀들은 생각이 많아요. 한 마리가 죽으면 여러 마리가 그 주위를 둘러싼 채 고개를 갸웃거리며 자세히 훑어봐요. 친구의 죽음을 슬퍼하는 동시에 탐정처럼 추리를 시작해요. "이 친구가 왜 죽었을까? 다음번에 우리가 죽지 않으려면 어떻게 해야 하지?" 한번은 길 한복판에 놓인 고슴도치를 까마귀가 도와주는 모습이 관찰된 적이 있어요. 겁에 질린 고슴도치가 우뚝 멈춰 있자, 까마귀가 고슴도치의 등을 콕콕 쪼아서 안전한 곳까지 데려다준 거예요. "콕콕! 자, 거의 다 왔어! 콕콕! 우리 함께 해 보자!" 까마귀는 똑똑할 뿐만 아니라, 다른 동물을 도와주기까지 하네요!

만약 까마귀가 다른 동물과 자신을 계속 비교했다면 어땠을까요? **아마 자신이 가진 훌륭한 장점들을 다 발견하지 못했을 거예요.**

다음 동물도 마찬가지예요!

기니피그는 개처럼 던진 막대기를 다시 물어 오지 못해요. 낯선 사람을 보고 짖어서 집을 지키지도 못하고, 용감하게 고양이를 뒤쫓는 건 기대도 안하죠. 이렇게 못하는 것만 꼬집으면 기니피그의 기분이 상할 수도 있겠네요. 사실, 기니피그에게도 뛰어난 재주가 있거든요. 직접 들어 볼까요? "나는 배우는 걸 아주 잘해! 태어난 지 단 세 시간 만에 달리기를 배웠거든. 어떤 개도 나만큼 달리기를 빨리 시작하지 못했지!"

태즈메이니아데블은 캥거루처럼 배에 주머니가 있는 동물이지만, 강력한 발 차기를 차진 못해요. 하지만 아주 지독한 입 냄새를 가졌지요. 그리고 깨무는 힘도 대단해요! 단단한 뼈도 으스러트릴 수 있죠. 입을 80도까지 벌릴 수 있는 주머니 동물이 태즈메이니아데블 말고 또 있을까요?

나무늘보는 정말 느려요. 나무늘보가 사는 에콰도르의 야수니 국립 공원에는 오실롯 같은 사나운 맹수들도 있지요. 하지만 나무늘보는 절대 그들처럼 빨리 달릴 수 없어요. 위협이 될 정도로 크게 포효하지도 않아요. 하지만 매달리기만큼은 최고예요! 나무늘보는 어떻게 온종일 나무에 매달려 있을 수 있을까요? 나무늘보의 팔 힘은 사람보다 세 배나 세다고 해요. 당연히 오실롯보다도 세고요!

누구나 자기만의 장점을 갖고 있어요! 까마귀는 자신만의 장점을 잘 알고 있는 자신감 넘치는 새예요. 기니피그, 태즈메이니아데블 그리고 나무늘보는 남들과 비교하는 데 매달리지 않고, 자신의 장점에 집중해서 자신감을 발휘해요. 여러분은 종종 '난 다른 친구들보다 뛰어나지 못해.'라고 생각한 적이 있나요? 그럴 때는 까마귀 007을 떠올려 보세요. 007은 곰처럼 위협적으로 으르렁거리지 못해도, 멋진 깃털과 뛰어난 문제 해결력을 가졌잖아요. 신문 따위 가져다줄 리 없는 기니피그나, 오실롯처럼 빠르게 달리지 않는 나무늘보를 떠올려 보세요.

모두 있는 그대로 충분히 훌륭해요.

여러분의 무기는 무엇인가요?

장점에 집중하려면 먼저 내가 가진 장점이 무엇인지 알아야겠죠?

무조건 사자처럼 날카롭고 무서운 발톱을 자랑할 필요는 없어요. 단번에 영양을 제압하거나 땅이 뒤흔들릴 정도로 크고 사납게 으르렁거릴 필요도 없고요. 모든 사람은 사자의 발톱처럼 자신만의 무기를 갖고 있어요. 내가 가진 뛰어난 능력이 바로 나만의 무기예요. 어쩌면 여러분은 아주 뛰어난 춤꾼일 수도 있어요. 패션 감각이 남다르거나, 다른 사람의 기분을 잘 헤아리는 능력을 갖고 있을 수도 있고요.

그게 바로 여러분의 무기예요.

자신감을 갖기 위해서는 자신이 가진 무기가 무엇인지 알아야 해요. 그럼, 다음 질문에 대해 생각해 보아요.

여러분의 무기는 무엇인가요?
무엇을 할 때 나는 가장 강해지나요?
어떤 상황에서 나는 당당해지나요?

답을 생각하는 동안 크리스티안을 만나 볼까요?

1969년, 두 사람이 런던의 백화점에서 아기 사자를 발견했고, 집으로 데려와 길렀어요. 그리고 크리스티안이라는 이름을 지어 주었지요. 하지만 두 사람은 사자가 그렇게 빨리 자란다는 걸 몰랐어요. 크리스티안은 더 이상 좁은 아파트에서 살 수 없을 만큼 커 버렸지요. 두 사람은 크리스티안을 야생으로, 케냐의 초원으로 돌려보내야 한다고 생각했어요.

하지만 곧 걱정이 되었어요. '크리스티안이 야생에서 살 수 있을까? 야생의 환경은 크리스티안에게 너무 낯설잖아. 크리스티안은 한 번도 초원에서 살아 본 적이 없어. 다른 사자 무리와 잘 지낼 수 있을지 없을지도 모른다고. 크리스티안이 무서워서 벌벌 떨면 어떡하지?' 두 사람은 여러 가지로 불안했지만, 결국 크리스티안을 케냐의 초원으로 보내기로 마음을 굳혔어요.

그로부터 1년 후, 두 사람은 크리스티안을 만나러 케냐로 갔어요. 그리고 둘은 곧 크리스티안이 자신만의 무기를 찾아냈다는 것을 알게 됐지요. 다른 사자들과 소통하는 능력이 뛰어났던 크리스티안은 우두머리가 되어 있었어요. 두 사람은 크리스티안의 당당한 모습을 직접 두 눈으로 확인할 수 있었지요. 크리스티안은 케냐의 초원을 뛰어다니며 새로운 환경에서 훌륭하게 살아남았어요. 자신의 무기가 무엇인지 재빨리 깨닫고, 드넓은 초원에서 당당히 자신의 길을 걸어갔지요.

아직 깨닫지 못했을 수도 있지만, 여러분도 크리스티안처럼 용감하고 재빠르고 남다른 능력을 갖고 있어요. 나의 무기, 즉 장점이나 재능을 발견하는 것이 자신감을 얻기 위한 첫 단계예요. '나는 운동을 잘해요.' '나는 맛있는 케이크도 만들 수 있고요.' '나는 100점짜리 친구예요!' 등 나의 무기를 잘 이해하고 알아 두면 좋겠죠?

여러분이 가진 가장 강력한 무기는 무엇인가요?

누구에게나 장점은 있어요!

폴짝 뛰어 봐요!

나만의 장점을 발견했다면 이제 자신감을 갖고 폴짝 뛸 차례예요. 그 순간을 우리는 도약이라 말해요.

학교에서 연극 오디션을 보거나, 처음으로 스노보드를 배우거나, 전학 온 친구에게 "안녕! 너랑 친구 하고 싶어."라고 말하는 순간이 바로 도약이 필요한 순간이에요. 자신감을 갖고 앞으로 나아가야 하지요. 하지만 어떤 다람쥐는 폴짝! 하고 뛰려다 멈춰 서서 '*잠깐, 어쩌면 실패할 수도 있어! 실수하면 어떡하지? 일단 뛰기 전에 생각을 좀 해 보자. 상황이 나쁘다면 아예 도전하지 않는 게 나을지도 몰라!*'라고 생각하며 도약하기를 주저하기도 해요.

여러분도 이런 생각을 한 적 있나요? 얼마나 자주 하나요? 이런 생각들 때문에 도전하지 못했던 일은 무엇인가요?

이제 이 작은 개구리의 이야기에 귀를 기울여 보세요.

월리스날개구리는 커다란 발바닥을 가졌어요. 유연한 뼈에 물갈퀴와 여분의 피부가 달려 있죠. 월리스날개구리는 자신의 이러한 신체를 이용해서 이 나무에서 저 나무로 가뿐하게 뛰어내리고 미끄러지듯 날 수 있어요. 하지만 이 개구리가 스카이다이빙에 가까운 엄청난 도전을 하게 된다면… 아무래도 커다란 용기가 필요할 거예요.

월리스날개구리의 몸길이는 고작 10센티미터 정도밖에 되지 않아요.

하지만 정글에서 살아가기 위해서는 15미터나 되는 나무에도 오르내릴 수 있어야 하지요.

 이 개구리가 자기 키의 100배도 넘는 나무를 오르내리고, 사이사이를 뛰어다니는 모습이 상상이 되나요? 만약 실수로 미끄러지기라도 한다면 어떻게 될까요? 다칠 수도 있고, 그보다 더 불행한 일이 일어날 수도 있어요. 그럼에도 불구하고 월리스날개구리는 뛰기 전에, '내가 저렇게 멀리 날아갈 수 있을까? 완벽하게 착지할 수는 있을까?' 같은 생각을 하지 않아요. 만약 그런 걱정을 했다면 월리스날개구리는 평생 한 나무에만 머물러 있어야 했을 거예요. 이름까지 바뀌었을지도 몰라요. 월리스붙박이개구리나 월리스못날아개구리로요.

> 자신의 능력을 믿는다면 너도 나처럼 용감하게 폴짝! 뛸 수 있을 거야. 내가 나의 끈적거리는 발바닥을 믿고 힘껏 도약하는 것처럼 너도 너 자신을 믿으라고!

자기 자신을 믿는 게 중요해요.

 만약 여러분이 실패한다고 하더라도, 진짜 나무에서 떨어지는 것은 아니잖아요. 학교에서 열린 연극 오디션에서 떨어지더라도 크게 좌절할 필요가 없다는 말이에요. 낭떠러지로 발을 내딛는 산양처럼 다리가 벌벌 떨릴 수 있어요. 수면 위로 튀어 오르는 돌고래도 휘청거릴 때가 있어요. 산양과 돌고래처럼 떨리고 휘청거릴 수 있지만, 여러분은 분명 그 점프에서 무언가를 배우게 될 거예요. 또 점프를 시도한 자신이 무척 자랑스러울 테고요. 그리고 머지않은 날, 다시 자세를 갖춰 제대로 도약할 거예요. 아주 멋지게요!

서두를 필요 없어요.

언제나 월리스날개구리처럼 과감하지 않아도 괜찮아요. 문어처럼 차분히 생각한 뒤에 조심스럽게 행동으로 옮겨도 되거든요. 어둡고 불그스름한 색을 띠는 태평양문어는 상상을 뛰어넘는 재주를 갖고 있어요. 몸무게는 약 270킬로그램에 이르고 2,000개가 넘는 빨판을 갖고 있지요. 이 빨판들은 유능한 특수 요원처럼 어려운 임무를 거뜬히 수행해요. 병뚜껑을 열기도 하고, 도구를 사용해요. 꼭꼭 숨은 물고기를 찾아내기도 하고, 위기 상황에선 먹물을 좍! 뿌려 버리죠.

이 정도면 충분히 자신감을 가질 만하지 않나요?

문어는 필요에 따라 주변의 산호나 바위, 모래와 같은 색으로 피부색을 바꿔 위장해요. 어둠 속에 몸을 꼭 숨긴 채 무언가를 오래도록 관찰하기도 하지요. 똑똑한 뇌와 세 개의 심장을 가진 문어는 수줍음이 많고 조심스러운 성격을 가졌어요. 한참을 생각하고 또 생각한 후에야 행동을 시작하지요.

구글에 문어를 검색하면, 문어와 스쿠버 다이버가 교감하는 동영상들을 발견할 수 있어요. 망설이던 문어는 사람에게 다가가 "안녕? 넌 누구니?"라고 말하듯, 주변을 조심스럽게 둘러봐요. 그 모습은 마치 '이 생물체는 나에게 위험할까? 여기 온 목적이 뭘까?' 하고 탐색하는 것 같아요. 한참 후에야 문어는 호기심을 발동해요! 다리 하나를 쭉 뻗어서 스쿠버 다이버의 잠수복을 더듬기 시작하지요. 그리고 시간이 더 흐른 뒤, 문어는 스쿠버 다이버 가슴에 폭 안겨요.

여러분도 어떤 일에 뛰어들기 전, 몇 발짝 물러서서 관찰할 때가 있나요?

그건 꽤 좋은 방법이에요!

문어도 마음에 확신이 섰을 때, 자신감을 드러내니까요.

2016년에 뉴질랜드의 국립 수족관에서 '잉키'라는 문어가 용감하게 수조 밖으로 기어 나왔어요. "수조야, 잘 있어! 바다야, 내가 간다!" 발판을 벋어 바닥을 가로질러 간 문어는 수족관의 배관을 통해 쏙 빠져나가 바다로 탈출했어요.

용감한 문어

똑똑한 문어

오타고대학교에 있는 문어는 깜박이는 실험실 전등을 정말 싫어했어요. 그래서 전구에 물총을 찍찍 쐈죠. 쏘고 또 쐈어요. 그러면 불이 꺼진다는 걸 안 거예요. "하하하! 깜깜하니까 너무 좋아!" 이런 일이 여러 번 벌어지자 연구원들은 결정을 내렸어요. "정전이 너무 자주 일어나잖아! 이 녀석 때문에 돈이 너무 많이 든다고! 문어 너, 바다로 다시 돌아가!"

그렇다고 여러분도 전구에 물총을 쏘면 안 돼요! 자신감을 발휘하기까지, 충분히 고민할 시간을 가지란 뜻이에요.

서두를 필요 없어요.

'안 돼.'라는 마음속 말에 귀를 기울이세요.

어떤 일에 뛰어들기 전, 문어처럼 가만히 상황을 지켜보는 것도 나쁘지 않아요. 하지만 아예 시도하지 않는 건 어떨까요? 지켜보고 나서 도망치는 건 또 어떻고요? 뭔가를 하지 않기로 결심하는 것도 용기란 사실을 알고 있나요? 때때로 '안 돼.'라고 말하는 마음속 말에 귀를 기울이고 그 직감을 믿는 것 또한 우리에게 필요해요.

바로 사슴처럼요.

여러분이 "뭐라고요?"라고 말하는 소리가 들리는 것 같네요. "사슴에 대해 얘기할 게 뭐 있나요? 사슴은 완전 겁쟁이잖아요! 풀이 살짝 스치거나 나뭇가지가 똑 부러지기만 해도 놀라서 펄쩍 뛰잖아요!"라고 말하진 않았나요?

맞아요, 사슴은 겁이 정말 많아요.

하지만 사슴은 아주 훌륭하게도 자신의 본능적인 감각을 믿고 있어요. '이건 나쁜 냄새야!' '위험한 소리야!' 혹은 '저건 사냥꾼의 발소리야.' 하고 감지한 후 스스로에게 '도망쳐!' 신호를 보내요. 어떤 사람은 사슴의 이런 행동들이 자신감과는 거리가 멀다고 말해요. 사슴은 그저 도망가기 바쁠 뿐이라고요. 하지만 자세히 보세요. 그 사슴은 9미터나 되는 넓은 개울을 단 한 번에 훌쩍 뛰어넘어요. 그리고 시속 50킬로미터의 속도로 숲을 가로질러서 안전한 곳으로 달려가죠. 아주 대단한 생존 방법이지 않나요? 사슴이 살아남을 수 있었던 이유는 '느낌이 좋지 않아.'라고 말하는 마음속 목소리를 듣고, 자신 있게 '도망쳐!' 신호를 보냈기 때문이에요.

사슴은 자신의 감각에 대한 확신을 갖고 있었어요.

사슴처럼 도망쳐도 괜찮아요. 오히려 사슴 같은 처세가 여러모로 도움이 될 때가 많아요. 뭔가 안 좋은 느낌이 들 때, 여러분 마음속에 웅크린 예민한 사슴을 믿어 보세요. 내 안의 본능적 감각은 '잠깐, 무서운 영화를 꼭 봐야 할까?' 하고 소곤소곤 말할 때도 있고, '무서워! 그 영화 싫어!' 하고 강하게 외칠 때도 있어요. 그 목소리에 귀 기울여 보세요. 어떤 일을 앞에 두고 시도하지 않기로 결심할 수도 있고, '도망쳐!' 신호를 내릴 수도 있어요. 그 모습이 남들 눈엔 비겁한 모습으로 비춰질 수 있어요. 하지만 나서지 않거나 도망치는 행동은 여러분이 갖고 있는 중요한 생존 본능 중 하나랍니다. 사슴은 가끔 친근한 사람이 다가오는 발소리에도 펄쩍 뛰며 달아나요. 이런 본능적 감각은 틀릴 때도 있어요. '이런! 나한테 먹이를 주러 오는 농부였잖아?' 하고 말이에요. 여러분도 가끔 틀릴 수 있어요. 뭐 어떤가요? 틀려도 좋으니 여러분 마음속 사슴의 말을 너그럽게 들어주세요. 그저 최선을 다해 생존 본능을 발휘했을 뿐이니까요.

차근차근
자신감을 쌓아 올려요.

그럼 이게 다일까요? 자신만의 무기를 알고, 마음속에 자리한 동물들의 속삭임에 귀를 기울이면 짠! 하고 엄청난 자신감이 생길까요? 음, 절반 정도는 맞는 말이에요. 자신감은 블록과 같아요. 하나씩 하나씩 차근차근 쌓아야 하죠. 결과는 한 번에 얻는 것이 아니라, 오랜 시간에 걸쳐 꾸준히 참고 노력해야 얻을 수 있는 거예요. 체스 게임을 해 보세요. 막강한 실력의 체스 선수는 처음부터 자신이 넘쳤을까요? 그 자신감을 얻기까지 오랜 시간 동안 수많은 경기를 치러 왔을 거예요.

자, 이번엔 비버를 한번 살펴볼까요? 비버는 인내심이 정말 뛰어난 동물이에요. 다소 험난한 환경에서도 지금까지 살아남았죠. 예를 들면, 1948년에 미국 북서부 아이다호주의 야생 동물 수렵 관리 당국은 비버 무리를 새로운 서식지로 옮기려고 했어요. 그때 한 관리자가 약간 엉뚱한 계획을 세웠어요. 바로 76마리의 비버를 상자에 담아 낙하산을 매달고 떨어뜨려 옮기기로 한 거예요. 정말로 비행기가 야생 동물 보호 지역 바로 위를 날다가 상자를 뚝 떨어뜨렸는데, 놀랍게도 비버는 안전하게 착륙했어요!

착륙한 비버는 태연히 제 할 일을 하기 시작했죠. 비버는 다 계획이 있어요.

캐나다의 우드 버펄로 국립 공원에 사는 비버는 세상에서 가장 큰 '비버 댐'을 지었어요. 아무도 그곳에 댐이 지어질 거라곤 상상하지 못했어요. 비버 댐은 어느 날 구글 어스*를 보던 어떤 사람이 발견했어요! 비버가 나뭇가지와 물먹은 풀, 이끼를 몇 년 동안 엮어서 댐을 만든 거예요. 이는 한때 '세계 최대의 댐'이라 불렸던 후버 댐보다 두 배나 긴 것으로, 길이가 무려 850미터나 돼요.

비버가 나뭇가지를 모아 엮는 데에는 아주 오랜 시간이 걸렸을 거예요. 진흙 덩어리를 위아래로 바르고, 20,000여 개의 이끼 조각을 이곳저곳에 넣어서 댐을 완성한 거예요.

정말 대단하지 않나요? 이 비버들은 오랜 시간을 투자해 어마어마한 크기의 결과물을 만들어 냈어요. 비버는 어떠한 일도 단번에 이뤄지지 않는다는 걸 알고 있었어요. 커다란 댐을 지으려면 수백만 개의 나뭇가지가 필요하다는 것도 알고 있었겠죠. 틀림없이 여기저기서 실수가 벌어졌을 거예요. 댐 한쪽이 와르르 무너졌을지도 몰라요. 하지만 비버는 "잘 가, 댐아! 잠깐이었지만 갉아 먹을 수 있어서 좋았어!"라고 말했을 거예요. 비버에게 실패는 더 큰 그림을 그리는 과정 중 하나였으니까요.

자신감은 작은 행동이 모여서 생기죠.
정말 작은 행동이더라도
쌓이고 쌓이면 커다란 자신감이 돼요.

처음으로 피아노 레슨 받는 것, 처음으로 체스를 두는 것, 처음으로 젓가락질을 하는 것과 같은 기회를 스스로 가져야만 해요. 한 번에 성공하지는 못하더라도, 계속해서 시도해 보아요.

*구글이 제공하는 위성 사진 프로그램

내 안에 있는 자신감은
기르면 기를수록
밖으로 흘러넘쳐서
많은 사람들에게 영향을 미쳐요.

자신감은 웃음처럼 다른 사람들에게 전염되기도 해요!
여러분의 자신감 넘치는 모습을 본 누군가도
'오! 어쩌면 나도 할 수 있겠는데?'라고 생각할 수 있어요.
여러분이 싹틔운 자신감의 씨앗은
여러분의 가족과 이웃에게 퍼져 나가게 될 거예요.

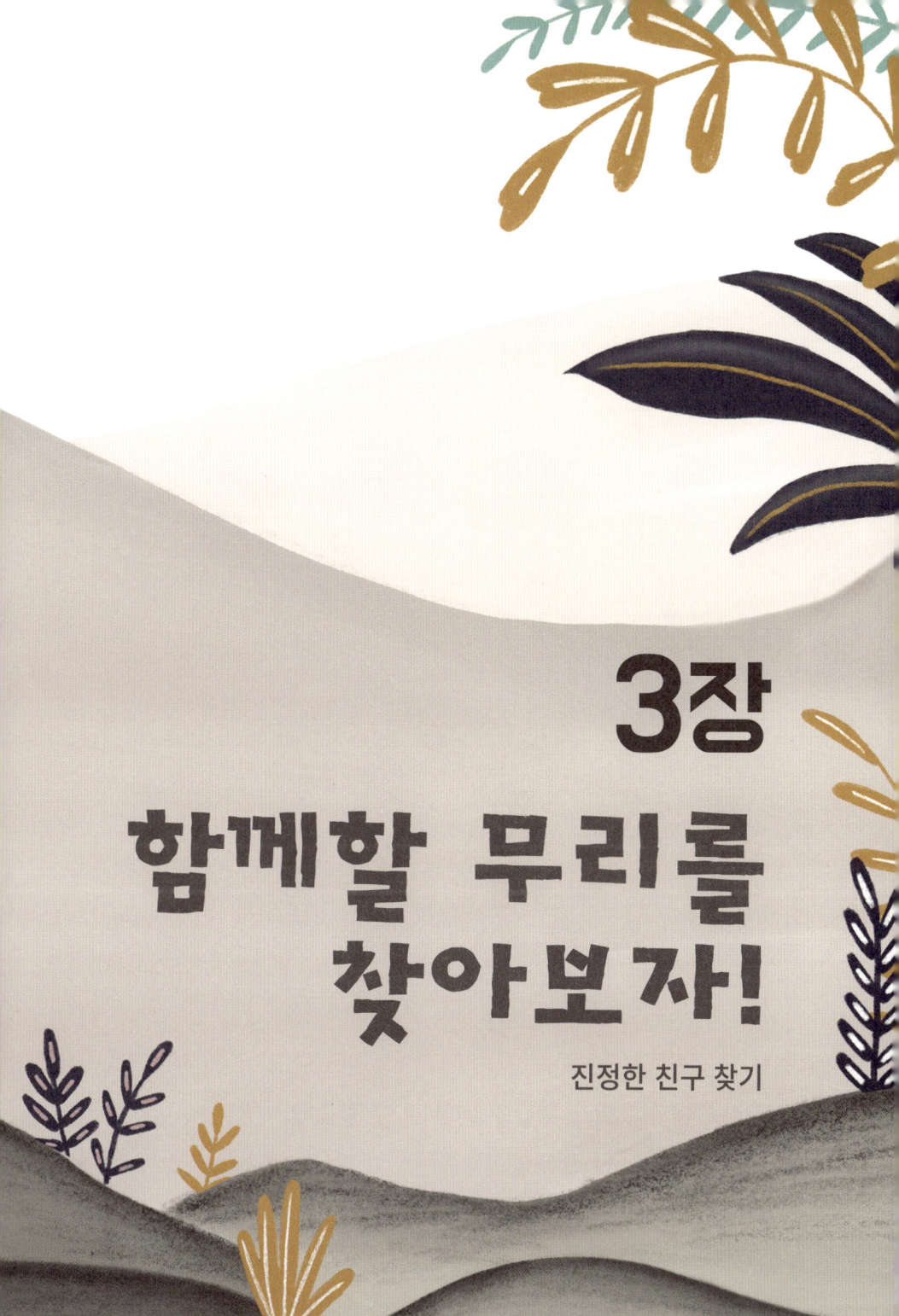

비 내리는 늦봄이에요. 공원에서 강아지 두 마리가 서로에게 다가가요. 한 마리는 살금살금 걸어오더니 몸을 살짝 옆으로 돌려요. 다른 한 마리는 한쪽에서 기쁘다고 꼬리를 살랑살랑 흔들죠. 두 마리 모두 앞다리를 쫙 펴고 고개를 숙여요. 너무 좋다는 표현이에요.

이제 뛰어놀자!

두 강아지는 비에 젖은 털을 반짝이며 서로 쫓아다니기 시작해요. 둘은 어느새 친구가 되었어요.

강아지끼리 친구가 되는 건 아주 간단해 보여요. 조금 전까지 데면데면하다가도, 곧바로 친구가 된 것처럼 뛰놀고 있거든요. 하지만 실제로 강아지들이 서로를 알아 가는 방법은 꽤 복잡해요. 꼬리를 흔들고 고개를 숙이는 행동은 친구가 돼서 신난다는 표현 중 하나예요. 그리고 척하면 척! 서로의 표현을 알아듣죠.

강아지는 친구의 소중함을 너무나 잘 알고 있어요.
공원에서 친구와 술래잡기를 하면
외로움은 사라지고 세상은 더 환해지거든요.

동물도 인간처럼 공동체 안에서 편안함과 즐거움을 느껴요. 그래서 무리를 만들곤 하죠. 외향적이든 내향적이든, 혼자 있기 좋아하든 여럿이 어울려 다니길 좋아하든, 자신에게 어떻게 다가와야 할지 알려 줘요. 어떻게 하면 나의 특별함을 알아봐 주고 나의 개성을 끌어내 주는 친구를 사귈 수 있을까요?

때때로 친구를 사귀는 건 풀리지 않는 수수께끼처럼 어렵게 느껴지기도 해요. 사람들이 날 좋아하지 않는다면? 새로운 관계를 맺는 게 서툴다면? 무리에 끼어들 틈이 없다면? 상대가 나에게 친절한 '척'한 거라면? 어떻게 해야 할까요?

두려워하지 말아요!

여기, 그 걱정에 대해 지혜로운 조언을 들려줄 동물들을 불러 모았어요.

홍학과 함께 물에 몸을 적시고,

카피바라와 함께 강가를 산책하고,

늑대 떼와 함께 아우우~ 소리를 내 보아요.

마음을 활짝 열어 봐요.

빳빳한 갈색 털에 물갈퀴가 달린 발, 서글서글한 눈을 가진 엄청나게 큰 기니피그를 떠올려 보세요. 그 동물이 바로 지구에서 가장 큰 설치류인 카피바라예요. 브라질 남부와 남아메리카 일부 지역에서 사는 카피바라는 리우 올림픽 때, 골프장에 불쑥 나타나 세상을 떠들썩하게 만들었어요. 흐뭇하게 풀을 우적우적 씹어 먹던 카피바라는 느긋하게 구덩이에서 일광욕을 즐겼고, 경기장 분위기를 훈훈하게 만들었어요. 그 후 사람들은 신문 기사를 썼고, 이런 제목을 붙였어요.

'지구상에서 가장 상냥한 동물, 카피바라'

맞는 말이에요! 사람에게 살가운 동물로는 말, 돌고래, 강아지도 있지만 친화력으로는 카피바라를 이길 상대가 없어요. 다람쥐원숭이부터 악어, 병아리, 노랑머리카라카라같은 새까지도 카피바라랑 같이 있으면 마음이 편안한 모양이에요. 카피바라는 작은 동물이나 다른 카피바라에게도 올라타라고 등을 내주며 안락의자가 되어 주곤 하죠.

카피바라는 다른 동물들에게
어떻게 그렇게 상냥할 수 있을까요?
온갖 종류의 수많은 동물들은
왜 카피바라에게 우르르 모여들까요?

카피바라는
마음을 솔직하게 터놓거든요.

카피바라는 다람쥐원숭이가 다가왔을 때 이러쿵저러쿵 평가하지도, 무안을 주지도 않아요. "너는 너고 나는 나니까, 우린 친구가 될 수 없어."라고 선을 긋지도 않고요. 대신에 가만히 지켜보며 기다려 주죠. 편안히 쉬라고 등을 내주기도 해요.

그런데 이건 너무 무방비 상태 아닌가요? 다람쥐원숭이가 그냥 달아나 버리면 어떡하죠? 악어가 몸을 돌려 콱 물어 버리면요?

카피바라는 순수한 행동이 위험하다는 걸 알고 있어요. 그렇지만 우정은 서로를 믿느냐, 믿지 않느냐에 달려 있어요. 우정은 다른 친구를 있는 그대로 받아들이는 거예요. 그리고 가끔 실망스럽더라도 이해해 주는 거죠. 때로는 친구가 악어처럼 뾰족한 이빨을 드러내며 나를 덥석 물 수도 있어요. 하지만 그게 여러분의 잘못은 아니에요. 관계를 위한 노력의 과정인 셈이죠.

카피바라가 찍찍, 삑삑, 빽빽 말고 다른 말을 할 수 있다면, 더 더 노력하라고 여러분을 응원했을 거예요.

> 마음을 활짝 열고 솔직하게 대하세요. 그러면 내 등에 올라타기도 하고 또 내게 등을 내어 주기도 하는 친구를 찾을 수 있을 거예요.

혼자 있어도 괜찮아요.

 카피바라가 외향적인 동물이라면, 빌이라는 이름의 코알라는 혼자 있길 좋아하는 동물이에요. 빌은 시드니의 와일드 라이프 동물원에 살고 있지만, 다른 코알라와 잘 어울리지 않아요. 빌은 대부분의 시간을 홀로 보낸답니다.

 하지만 그것 또한 빌이 선택한 거예요! 꼭 껴안고 싶을 만큼 귀여운 모습의 빌을 보면 믿지 못할 수도 있지만, 코알라는 원래 다른 동물과 잘 어울리지 않아요. 사람들은 늑대나 홍학처럼 무리 짓는 동물을 늑대 떼나 홍학 떼라고 부르지만, 코알라를 그렇게 부르진 않죠. 무리를 짓는 경우가 거의 없거든요.

 사실 번식기가 아니라면, 코알라는 유칼립투스 잎이나 먹으며 대부분의 시간을 홀로 보내요. 다른 코알라와 어울리는 시간은 하루 평균 15분 정도밖에 되지 않죠. 코알라는 가끔씩 삐걱거리거나 그르렁거리는 소리를 내기도 하지만, 보통 아무 소리도 내지 않고 하루를 조용히 보내곤 해요.

 코알라와 비슷한 동물로, 혼자만 들어갈 정도의 굴을 파서 사는 두더지가 있어요. 두더지는 미국의 뒷마당 어딘가에다 18미터까지 땅을 파고, 여러 갈래의 길과 굴을 내서 혼자 살아요. 어쩌다 한번 마당에 잔뜩 쌓여 있는 흙더미를 보고 나서야, 거기에 두더지가 있다는 걸 알아채죠.

원한다면 다른 두더지를 만날 수도 있지만, 대부분은 원하지 않아요! 그래도 심심하지 않거든요! 두더지는 자기가 내쉰 숨을 여러 번에 걸쳐 도로 들이마실 때 편안함을 느낀대요.

**코알라와 두더지는 여러분에게 이렇게 말할지도 몰라요.
"금요일 밤, 그냥 집에 있고 싶다고 해도 우리는 이해해."**

요즘에는 친구를 사귀면 SNS로 일상을 공유하곤 해요. 거기엔 왠지 멋지고 근사하게 사람들과 어울리는 사진을 올려야 할 것 같은 부담감이 들기도 하죠. 하지만 아주 잠깐만 어울리고 싶거나 코알라처럼 조용히 지내고 싶은 마음이 든다면, 편하게 받아들이세요. 동물들 세계에서는 당연히 그래도 되거든요.

자신의 사교성이 부족한 것 같다고요?
이야기를 바꿔 볼게요.

어쩌면 여러분은 자신과 아주 잘 지내고 있는 걸지도 몰라요. 세상에 나를 드러내기 전에, 흥미와 열정을 내면에 차곡차곡 쌓고 있을지도 모르죠. 나중에 나무에서 내려오거나 굴 밖으로 고개를 내밀게 되었을 때, 여러분은 자신에 대해 훨씬 더 잘 알고 있을 거예요.

그럼 내가 어떤 친구를 찾고 있었는지도 금방 알 수 있죠.
나의 가치를 알고 있는 나를 알아봐 줄 친구 말이에요.

같이 있으면 행복한 사람을 찾아요.

공원에서 같이 뛰놀던 강아지 두 마리 이야기로 잠깐 돌아가 볼까요? 두 마리는 신나게 '나 잡아 봐라.' 놀이를 하곤 했어요. 서로를 보고 활짝 웃었지요. 헥헥거리며 숨을 가쁘게 내쉬는 게 강아지들에겐 웃음이에요. 둘은 서로가 마음에 들었어요. 또 스스로의 모습도 아주 만족스러웠을 거예요. "나 좀 봐! 진짜 빠르지? 내 친구가 함께 달려 준 덕분이야!"

어쩌면 여러분도 강아지처럼 친구와 어울리는 걸 좋아할지도 몰라요.
흰고래처럼 다가가거나, 코끼리처럼 마음을 표현할 수 있죠.

다음 세 가지 질문을 자신에게 해 보아요.

나와 같은 것을 좋아하나요?

여러분이 흰고래라면, 아마도 이렇게 말할 거예요. "안녕, 친구야! 너도 물방울 부는 거 좋아하니? 난 너무너무 좋아하거든! 우리 같이 해 볼까?" 혹은 까마귀라면 이렇게 물어보겠죠. "너 눈 속에서 뛰어노는 거 좋아해? 정말? 야호, 신난다! 우리 진짜 잘 맞는데?"

서로를 웃게 하나요?

같이 웃는 것은 취미가 같은 것만큼이나 친구를 사귀는 데 중요한 요소에요. 동물에게도 마찬가지죠. 사람들은 사람만 웃을 수 있다고 생각했어요. 하지만 오랜 시간 연구한 결과, 동물들도 웃는다는 것이 밝혀졌어요. 강아지는 혀를 내밀고 해죽해죽 웃어요. 쥐는 간지럼을 태우면 소리를 내며 웃고요. 돌고래는 격투 놀이를 할 때 딸각딸각 빠르게 맥박 소리를 터트린 다음에 쌕쌕거려요. 이 소리는 다른 돌고래에게 "덕분에 웃었다! 거칠어 보이겠지만 오해는 마. 우린 더 가까워진 거야!"라고 말하는 거예요.

함께 있으면 행복한가요?

가장 중요한 질문이에요. 대답하기 전에 코끼리를 떠올릴 수 있어요. 코끼리는 '내 코로 널 감싸 줄게.' 하고 친구에게 인사와 위로를 전해요. 그러면 친구 코끼리는 신나서 같이 코로 감싸 주죠. 같이 있어서 즐겁고 행복하다는 뜻이에요. "널 보니 기분이 좋아."라고 말하고 있어요.

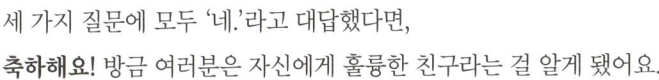

세 가지 질문에 모두 '네.'라고 대답했다면,
축하해요! 방금 여러분은 자신에게 훌륭한 친구라는 걸 알게 됐어요.

새로운 무리를 찾아보아요.

자, 여러분은 취미를 공유할 친구 몇 명을 사귀게 됐어요. 그 친구들은 굉장해요! 마음이 따뜻하고 재밌고 또 친절해요. 여러분은 '이런 게 바로 우정이군.' 하고 깨닫게 되었죠. 하지만 그렇다고 해서 또 다른 친구를 사귀는 것도 쉬울 거란 보장은 없어요. 새롭게 친구가 되고 싶은 아이에게 다가갔는데, 그 아이가 여러분과 친구가 되길 원하지 않는 것 같다면 어떻게 할까요? 무리에 들어가고 싶은데 끼어들 틈이 없다면 어떡하죠?

아우우! 아우우! 아우우우!

'이봐, 내가 알려 줄게!' 라고 늑대가 말하네요.

늑대에게는 무리 안에 드는 것이 아주 중요해요. 혼자서 엘크를 잡아 쓰러뜨리는 건 아무래도 힘들거든요! 늑대는 사냥을 도와줄 다른 늑대가 있어야만 안전하게 쉬고 또 먹이를 구할 수 있어요. 새끼 늑대들도 같이 놀 친구가 필요하죠. 무리가 없었다면 그 멋진 사냥 기술을 다 터득할 수 없었을 거예요.

하지만 무리 안에 드는 게 쉽지만은 않아요. 가끔 홀로 떨어진 늑대는 자신을 무리에 받아 달라며 배를 보이면서 데굴데굴 구르거나, 꼬리를 감춘 채 웅크리면서 작게 낑낑거리기도 해요. '난 너를 공격하지 않을 거야.'라는 뜻의 행동이에요.

하지만 꼭 그 무리에 들어가지 않아도 괜찮아요. 세상에 무리는 아주 많으니까요. 늑대는 이 사실을 아주 잘 알고 있어요. 그래서 무리에 들어가지 못하면, 다른 무리를 찾거나 스스로 무리를 만들어요. 보통은 4~9마리가 하나의 무리를 이루지만, 가끔 30마리가 넘는 무리도 있어요. 하지만 무리의 몸집이 너무 커지면, 그중 몇 마리의 늑대는 이렇게 목소리를 내죠. "에헴, 난 무리를 떠나 새로운 모험을 할 거야. 나와 함께할 친구 있나? 없다 해도 상관없어. 나가서 찾아보지, 뭐!"

개코원숭이도 마찬가지예요! 개코원숭이들은 무리가 자주 바뀌곤 해요. 무리에 들어왔다 나갔다 하는 일이 빈번하죠. 수컷 개코원숭이는 이 무리에서 저 무리로 훌쩍훌쩍 뛰어다니며 친구를 여러 번 바꿔요. 검은관해파리는 물살을 따라 둥둥 떠다니면서 새로운 무리를 만나요. "오, 얘들아 안녕? 물살을 따라왔더니 너희를 만났네. 나랑 같이 헤엄치며 친구가 되어 보지 않을래?"

하지만 이런 동물들도 항상 무리와 잘 어울리는 건 아니에요.

여러분이 똑똑하고 멋있고 특별한 사람이란 걸 모두가 알아주지는 않을 거예요. 무리에서 받아 주지 않는다면, 내가 들어갈 틈이 없다면, 당장은 속이 상할지도 몰라요. 하루 이틀 기가 죽을 수도 있어요. 하지만 그때 여러분의 마음속에 자리한 동물, 늑대를 떠올려 보세요. 새로운 무리를 찾아 혼자서 모험에 나설 줄 아는 늑대를요. 나의 장점을 알아봐 주고 또 잘 이끌어 줄 새로운 친구들을 찾아 나서 보는 거예요.

친구야, 내가 도와줄게!

새롭게 무리를 이룬 다음, 어떻게 하면 친구들과 더 돈독한 사이가 될 수 있을까요? 얼룩말도 미어캣도 코끼리도 바로 이 방법을 쓰고 있어요. 하나로 뭉치는 거예요! 이들은 사소하지만 수많은 방법으로 서로를 도와주지요.

서로 돕는 동물들을 한번 만나 볼까요?

얼룩말!

얼룩말은 정말 서로 잘 도와요! 동아프리카 초원에서는 수백 마리의 얼룩말이 무리 지어서 빠르게 달려요. 이들은 싸우는 일도 거의 없어요. 연구를 위해 5년 동안 한 얼룩말 무리를 관찰했는데, 싸우는 모습을 한 번도 본 적이 없대요. 단 한 번도요. 여러분이라면 그럴 수 있나요? 가족이나 친구들과 5년 동안 한 번도 다투지 않고 지낼 수 있을지 생각해 보세요.

얼룩말은 서로를 지켜 주기도 해요. 이를테면 사자가 공격해 온다고 했을 때, 사자는 얼룩말 무리에 몰래 다가와 발톱으로 한 마리를 꽉 잡아요. 잡힌 얼룩말은 도와 달라고 소리를 지르죠. 그러면 다른 얼룩말들이 사자를 빙 둘러싸기 시작해요. 그리고 꽝꽝 발을 구르고 이빨을 으드득 갈면서 "우리 친구한테서 썩 물러나! 안 그러면 발 차기로 확 날려 버릴 거야! 우릴 건드리지 말라고!"라고 위협할 거예요. 실제로 얼룩말을 함부로 건드려선 안 돼요. 특히 얼룩말 뒤쪽에 서 있는 건 정말 위험해요. 뒷발의 힘이 엄청나게 세거든요! 결국 사자는 잡고 있던 얼룩말을 놓고, 초원으로 슬금슬금 달아나고 만답니다.

미어캣도 비슷한 행동을 해요. 자칼과 같은 포식자를 에워싸고 씩씩거리며 말하죠. "야, 그만둬! 우리 친구를 괴롭히지 마!" 미어캣은 자칼을 마구 할퀴고 물어뜯을 거예요. 무리 지어 사는 미어캣은 평소에도 의리가 넘쳐요. 종종 서로의 새끼를 돌봐 주죠. 한 마리씩 번갈아 망을 보다가 위험이 감지되면 서로에게 알려 줘요. "이런, 벨린다! 조심해!" 물론 벨린다라는 이름을 가진 미어캣은 없겠지만, 위험 신호를 받은 미어캣은 '앗, 친구 목소리다. 얼른 달아나는 게 좋겠어!' 하고 알아들을 거예요.

> 사자가 공격해 와도
> 자칼과 마주쳐도
>
> 친구와 함께라면 무섭지 않아요!
>
> 두려움은 나누면 반이 되고
> 즐거움은 나누면 배가 돼죠.

앞에서 붙임성 좋은 강아지와 딸각딸각 잘 웃는 돌고래에 대해 얘기했으니까, 이번엔 두 가지를 합쳐 볼까요? 2016년에 벤이라는 강아지가 더기라는 돌고래를 만났어요. 아름다운 동화의 시작처럼 들리는데, 실제로도 그랬어요. 아일랜드에 사는 벤은 몇 날 며칠을 바다에 뛰어들었어요. 거기엔 더기가 기다리고 있었기 때문이에요. '멋진 강아지, 또 만났네!' 둘은 몇 시간 동안 헤엄치며 놀았어요. 벤은 더기가 내뿜는 물방울을 잡으려고 했어요. 잡힐 듯 말 듯 아슬아슬했죠!

강아지가 돌고래를 따라잡으려고 열심히 발장구를 친다고 상상해 보세요. 더기가 물속에서 끼리릭 소리를 내고, 벤이 허우적허우적 물살을 헤집는 모습을요. 정말 재밌는 장면이죠! 지켜보는 사람들도 모두 즐거워했어요.

가끔 벤이 좀 오래 헤엄친다 싶으면, 더기가 지친 벤을 해안가로 살살 몰고 가요. "자, 다 왔어. 조심해." 둘은 서로의 행복을 응원하며 도와줬어요. 마치 돌고래와 강아지는 이렇게 말하는 것 같았어요. **"날 믿어. 우리는 더 더 행복해질 거야!"**

그렇다면 친구를 돕는 방법으론 어떤 게 있을까요? 가장 먼저, 친구의 이야기를 잘 들어 주세요. 다른 동물도 그렇게 관계를 시작한답니다. 동물들은 같은 무리의 친구가 내는 소리를 잘 듣기 위해 쫑긋 귀를 기울이거든요.

어떤 친구는 부모님이 이혼을 해서 고민이 많을 수 있어요. 옆에서 진지하게 이야기를 들어 줄 친구가 필요할지도 몰라요. 또 어떤 친구는 진짜 웃긴 농담이 생각나서 입이 근질근질할 수도 있고요. 같이 웃어 줄 친구가 필요할 거예요. 친구는 서로의 즐거움을 나누고 슬픔에 공감하며 서로의 곁에 있어 줘요. 슬픈 일도 기쁜 일도 함께하는 거죠.

무리를 넓혀 보아요.

　마지막으로 칠레홍학을 얘기해 볼게요. 칠레홍학은 가느다란 다리를 구부린 채 머리를 까닥거리며 얕은 물에서 걸어 다녀요. 날개를 치켜올리며 서로 인사를 나누지요. 보통 새들은 다른 종의 새들과 같이 지내는 걸 꺼려하지만, 홍학은 다른 새들과도 아주 잘 지낸답니다. 칠레홍학은 안데스홍학을 만나면 이렇게 말을 걸곤 해요. "어이, 친구! 여기 아주 맛있는 음식이 있어!" 아마 홍학들만의 언어를 썼겠죠? 적어도 날개 인사는 꼭 했을 거예요.

　현재 과학자들은 '지속적인 관계'에 대해 알기 위해 세계에서 가장 사회적인 동물 중 하나인 홍학을 활발하게 연구하고 있어요. 수천만 년 전부터 지구에 살았던 홍학은 아주 오랜 시간에 걸쳐 우정이 무엇인지 알아냈어요. 조상 대대로 이어진 사교성이죠. 홍학은 야생에서 최대 50년까지 살면서 셋 정도의 친구와 무리를 이루고 관계를 맺어요. 물론 짝짓기 상대와도 어울리지만, 다른 홍학들과도 즐겁게 시간을 보내곤 한답니다.

칠레홍학이라면 이렇게 말할 거예요.
'지금 당장 친구에게 전화를 걸어! 난 네 편이라고 말해 주자.'

홍학은 서로 끊임없이 소통하고 있어요. 기러기처럼 엄청난 수다쟁이죠. '꽥꽥 끼루룩' 큰 소리로 서로를 부르며 날기 때문에 흩어지지 않고 몰려다닐 수 있어요.

아마 그 '꽥꽥 끼루룩'에는 '**네 세계를 조금 더 넓혀 봐!**'라는 위대한 메시지가 담겨 있을 거예요. **하나의 무리는 세 마리가 될 수도 있고, 수백 수천 마리가 될 수도 있어요.**

과학자들이 지켜본 결과, 홍학은 무리의 규모가 클수록 서로 훨씬 잘 어울렸어요. 날개 인사를 더 많이 하고, '꽥꽥 끼루룩' 서로를 더 많이 불렀어요! 영어 속담에는 이런 말이 있어요. '바다에 물고기는 얼마든지 있다.' 물길에도 홍학은 얼마든지 있어요. **아직 나에게 맞는 무리를 발견하지 못했다면, 계속 찾아보세요. 홍학처럼 다양한 사람들과 친구가 될 만한 기회를 만들어 보는 거예요.** 많은 사람을 만날수록, 친구를 사귈 기회는 점점 더 많아진답니다.

괜찮다면 더 넓은 곳으로 나가 보아도 좋아요. 새로운 모임에 가입해 보세요. 학교 연극에서 배역을 맡아 보는 건 어떤가요? 홍학처럼 날개를 활짝 펼치면, 머지않아 **여러분의 장점을 알아줄** 무리와 만나게 될 거예요. 단 한 명의 친구라도 말이죠.

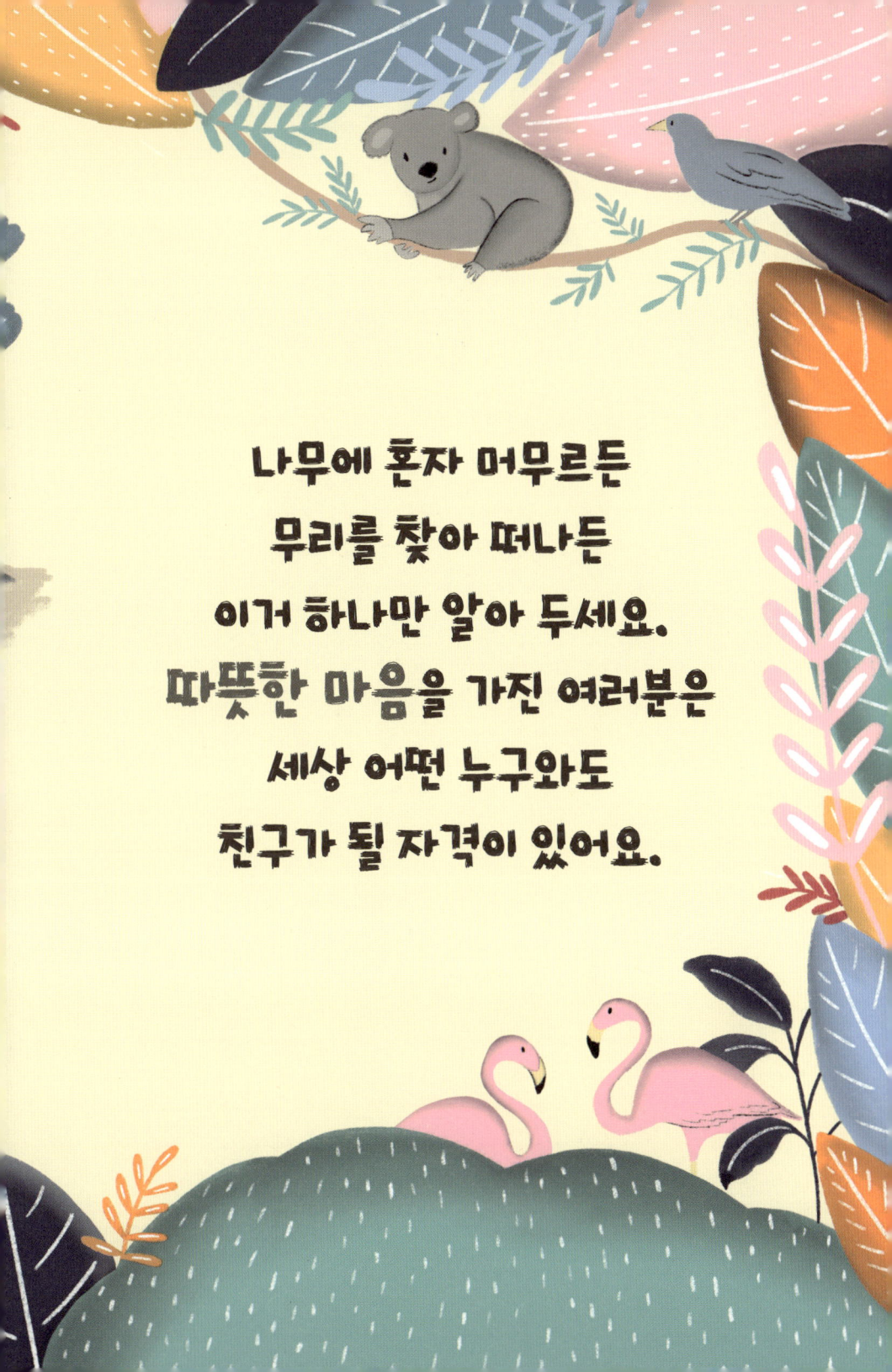

나무에 혼자 머무르든
무리를 찾아 떠나든
이거 하나만 알아 두세요.
따뜻한 마음을 가진 여러분은
세상 어떤 누구와도
친구가 될 자격이 있어요.

4장
커다란 굴을 파자!

친절 베풀기

소설가 헨리 제임스는 이런 말을 남겼어요.

"사람이 살면서 기억해야 할 세 가지가 있습니다.

첫째도 친절,
둘째도 친절,
셋째도 친절해야 합니다."

친절을 베풀면 내 기분도 좋아져요. 사람들에게 관심을 기울일수록 더 행복하고, 더 건강하고, 더 다양한 관계를 맺게 되지요. 하지만 우리는 종종 친절을 잃기도 해요. 마음속 어딘가에 있을 다정한 동물을 찾기 위해 애썼지만, 미처 만나지 못하는 경우가 있거든요.

친구를 괴롭히는 사람을 말리지 않고, 오히려 그 친구를 같이 비난했을 수도 있어요. 또 친구가 내게 엄청난 비밀을 말해 줬는데, 실수로 그걸 다른 친구들 앞에서 뱉어 버릴 수도 있죠. 나의 작은 말 한마디가 학교 전체에 소문으로 쫙 퍼질 수도 있어요.

우리는 왜
이런 행동을 할까요?

때때로 다른 사람에게 상처를 입혀야만 자신을 지킬 수 있다고 생각하기 때문이에요. 이건 다른 동물들도 마찬가지예요. 자연 다큐멘터리를 한번 봐 보세요. 표범은 가젤에게 절대 친절하지 않죠.

동물의 세계는 아주아주 단순해요.

잡아먹는 포식자와 잡아먹히는 먹잇감이 있죠. 둘 다 살아남기 위해 무척이나 애쓰고 있어요. 하지만 동물들은 절대 장난으로 서로를 해치지 않아요. 이유 없이 괴롭히는 걸 즐기지도 않고요. 오히려 수많은 방법으로 서로에게 친절을 베풀어요. 자기 굴에 다른 동물들을 초대하거나, 물에 빠진 동물을 구해 주기도 해요. 친절을 베푸는 게 꼭 손해는 아니에요. 오히려 살아가는 데 아주 중요한 역할을 하죠.

'가장 친절한 동물이 살아남는다.'

이번 장에 나오는 큰돌고래, 쥐, 오랑우탄에겐 타고난 공감 능력이 있어요. 공감 능력은 사람만 갖고 있는 게 아니거든요. 서로를 배려하고 존중하는 동물들의 모습을 보며, 우리는 꽤 많은 것을 배울 수 있어요. 여기선 동물들이 서로를 어떻게 지켜 주는지, 위험에 처한 다른 동물들을 어떻게 구하는지 알아볼 거예요.

웜뱃이 먼저 나서고 싶대요.

다른 사람을 위한 자리를 만들어 두세요.

어려운 상황에서 어떻게 다른 친구에게 친절을 베풀 수 있을까요? 어떻게 하면 주위를 둘러보며 "나도 다쳤지만, 다친 사람을 돕고 싶어."라고 말할 수 있을까요? 아주 깜깜한 밤에 땅 파는 것을 좋아하는 웜뱃을 살펴볼게요. 웜뱃은 넓적하지만 날카로운 발톱을 가졌어요. 발톱이 달린 짤막한 다리로 거친 땅을 뚫고 하룻밤 만에 1미터 깊이까지 흙을 파내죠.

자, 웜뱃이 이번 장에 맨 처음 나온 데에는 이유가 있어요.

웜뱃은 자신이 위험하더라도 다른 동물에게 손을 내밀어요.

2019년, 호주 전역에 엄청나게 큰 산불이 번져서 10억 마리가 넘는 동물들이 죽었다는 뉴스를 들어 본 적이 있을 거예요. 많은 동물의 생명을 앗아 간 가슴 아픈 사고였어요. 미국의 방송인 로저스는 이런 말을 한 적이 있어요.

위기에 처했을 땐 도와 줄 사람을 찾으세요!

산불이 일자 웜뱃이 나섰어요.

웜뱃은 작은 동물들에게 자신의 굴을 내어 주었지요. 웜뱃의 굴은 땅속 깊은 곳에 있어서 뜨거운 열이 닿지 않았거든요. 덕분에 작은 동물들은 이 널찍한 굴에서 위기를 넘길 수 있었어요.

그뿐일까요? 캥거루와 양처럼 덩치가 큰 동물들도 웜뱃의 굴로 쏙 들어왔어요.

상상조차 어려울 만큼 위험했던 순간, 다른 동물을 집으로 맞이한 웜뱃의 행동을 보고, 뉴스에서는 '영웅 웜뱃'이라고 소식을 알렸어요. 웜뱃이 지혜의 대명사가 된다 해도 놀랍지 않았죠. '웜뱃은 지혜롭고, 지혜로운 것은 웜뱃이다!'라고요.

그런데 뉴스에서는 아주 중요한 내용을 빠뜨렸어요. 키가 작고 둥그런 몸매의 웜뱃은 원래 다른 동물을 집으로 초대하지 않아요. 오히려 매몰차게 내쫓죠! 평소의 웜뱃은 굉장히 사납고 심술궂어서 철통같이 굴을 지켜요. 침입자에게 "내 집에서 당장 나가!"라고 소리치며, 이빨로 깨물고 발톱을 휘두르기 일쑤죠.

그런데 어째서 산불이 났을 때 웜뱃은 경계를 풀었을까요?

**위기가 닥쳤을 때,
함께 이겨 낼 '우리'를 생각하면
작은 불편쯤은 견딜 수 있게 되거든요.**

웜뱃은 침입자를 그냥 쫓아낼 수 있었어요. "썩 꺼져! 잘 가라, 바늘두더지야!" 이런 상황에선 '나만 살면 돼.'라고 생각하기 쉽잖아요. 하지만 웜뱃은 다른 동물들이 머물 수 있도록 기꺼이 굴을 내주었지요.

위기의 상황에 처했을 때, 웜뱃은 우리에게 이렇게 말을 건넬지도 몰라요. "바깥의 친구들에게 문을 열어 주는 건 어때?"

공감해 보세요.

동물들은 원래 친절 유전자를 갖고 태어났어요. 사람도 마찬가지고요! 연구에 의하면 흰쥐부터 닭에 이르기까지 동물들은 '공감'을 느낄 수 있대요. 공감은 친절 유전자를 움직이게 하는 가장 효과 좋은 감정이랍니다.

다음 세 가지 실험을 통해 두 눈으로 확인할 수 있었죠.

쥐에게 레버를 누르면 맛있는 먹이가 나온다는 것을 알려 줘요. '냠냠, 설탕 알갱이네!' 쥐는 먹이 맛을 보아요. 이때 연구원은 실험을 다시 세팅하죠. 한쪽 쥐가 먹이가 나오는 레버를 누르면, 다른 한쪽에 있는 쥐에게 충격을 주어요. '헉, 친구가 아파하잖아?' 그러면 쥐는 더 이상 레버를 누르지 않아요. 다른 동물을 해치면서까지 먹이를 얻고 싶지 않은 거예요. 두 개를 준다고 하더라도 결과는 달라지지 않죠.

'앗, 안 돼!' 같은 우리 안에 두 마리의 쥐가 있어요. 그중 한 마리는 좁은 플라스틱 통 안에 갇혀 찍찍찍! 발버둥 치며 수염을 바르르 떨고 있어요. 다른 한 마리는 사실, 며칠 전에 바로 그 좁은 통에 갇혀 있었어요. 고통스러워하는 다른 쥐를 보자, 그때 느꼈던 공포와 스트레스가 떠올랐어요. 그래서 이 쥐는 갇혀 있는 쥐를 구해 주기로 해요. 코를 킁킁거리며 갇힌 쥐를 꺼낼 방법을 고민하죠. '이 걸쇠를 건드려 보면 어떻게 될까? 이 스프링이 움직일까? 그래, 이거였군!'

투명한 그릇 안에 두 마리의 쥐가 들어 있어요. 한 마리는 물속에서 허우적거리고 있어요. 꼬리를 휙휙 휘두르며 작은 발을 버둥거리고 있죠. 다른 한 마리는 투명한 벽 안에 갇힌 채 물속에 있는 친구를 지켜보고 있어요. 이 쥐는 물에 빠진 쥐를 걱정하죠. '저러다 죽으면 어떡하지?' 실제로 물속의 쥐는 위험하지 않아요. 스스로 선반에 매달릴 수도 있고, 연구원이 꺼내 줄 수도 있어요. 하지만 지켜보고 있는 쥐는 그 사실을 알 리 없어요. 쥐는 두 개의 문 중 하나만 선택해야 했어요. 물에 빠진 친구를 구하거나, 맛있는 초콜릿을 꺼내거나. 쥐는 오래 고민하지 않았어요. '몸에 물이 닿는 건 정말 싫어. 털이 축축해지고, 스트레스받는다고. 아마 저 친구도 그렇겠지? 초콜릿은 안 먹어도 돼.' 결정을 내린 쥐는 친구 쥐에게 달려가요. 그리고 사이좋게 안전한 곳으로 깡충깡충 뛰어 돌아오죠.

세 가지 실험의 공통점은 뭘까요? 인간이 짓궂은 실험을 했다는 사실 빼고요!

맞아요, **바로 공감이에요.**

쥐는 이렇게 말해요.

나도 너와 같은 일을 겪었어.
어떤 느낌인지 알아.
자, 내가 도와줄게.

다른 동물은 또 어떤 방법으로 공감할까요?

오랑우탄

'웃음 바이러스'라는 말을 들어 본 적이 있나요? 웃음은 전염된다는 뜻이에요. 사람끼리는 물론 오랑우탄끼리도요! 밝은 갈색의 유인원인 오랑우탄은 어울리길 좋아하는 사회적 동물이에요. 특히 서로를 간지럽히곤 하죠. 간지럼 타는 게 너무 재밌대요! 오랑우탄은 웃을 때 입이 쩍 벌어져요. 한 오랑우탄이 입을 벌리면 다른 오랑우탄들도 똑같이 입을 쫙 벌려요. 눈 깜짝할 사이에 똑같이 따라 하죠. 웃음이 전염된 거예요. 과학자들은 이게 바로 공감이라고 설명해요. 친구가 웃을 때 나도 웃음이 나는 건, 우리가 연결되어 있고, 연결된 서로에게 관심을 기울이고 있기 때문이에요.

프레리들쥐

야생 프레리들쥐를 본 적이 있나요? 만일 없다면, 상상해 보세요. 프레리들쥐는 햄스터와 들쥐를 섞어 놓은 것처럼 생겼어요. 서로에게 아주 깊은 공감을 느끼는 동물이랍니다. 한 실험에서 연구원들이 한 쌍의 프레리들쥐를 떼어 놓았어요. 그리고 다른 쥐가 보지 못하는 곳에서 한 마리에게만 약간의 고통을 겪게 했어요. 두 마리를 다시 만나게 하자, 다른 쥐가 괴로워하는 프레리들쥐를 위로해 줬어요. "세상에, 무슨 일 있었어? 이리 와, 내가 호~ 해 줄게." 프레리들쥐는 서로의 등을 핥고, 얼굴을 문지르고, 털을 손질해 주며 위로를 전해요. 그런 프레리들쥐의 모습을 보면 마음이 참 따뜻해지죠.

코끼리

코끼리는 가족이나 같은 무리 혹은 같은 종이 아니더라도, 다른 코끼리의 상황에 공감하며 진심을 다해 도와줘요. 동물원에서 일하는 사육사는 아시아코끼리가 아프리카코끼리를 코로 살살 쓸어 주며 위로하는 모습을 봤어요. 지난 20년간, 야생 코끼리가 어려움에 처한 동료를 도와준 사례는 정말 많았어요. 코끼리는 동료의 고통을 못 본 체하지 않아요. 새끼 코끼리가 웅덩이에 빠지면 함께 도와서 끌어 올려요. 무리에서 뒤처지지 않으려고 힘겹게 걸어가고 있는 낯선 동물들도 그냥 내버려 두지 않지요. 꼭 이렇게 위로를 전하는 것 같아요. "너랑 같이 있어 줄게, 네가 어떤 기분인지 알아. 네 곁엔 내가 있어."

다른 사람의 경험을 똑같이 느낄 순 없어요. 다만 비슷한 경험을 떠올릴 순 있죠. 스트레스를 받았다거나, 슬펐다거나, 아주 기뻤던 순간들을 말이에요. "이해해, 나도 그랬거든. 넌 혼자가 아니야."라고 말하며 그때 느꼈던 기분을 다른 사람들과 나눌 수 있어요.

물론, 그러기 위해선 용기와 지혜 그리고 연습이 필요해요.

여러분은 이미 친절한 사람이니,
할 수 있어요!

마음 가는 대로 친절을 베풀어요.

친절에 대해 이야기할 때 돌고래를 빼놓으면 섭섭해요. 돌고래가 지구상에서 가장 똑똑한 동물 중 하나라는 사실을 알고 있나요? 돌고래의 의사소통 방법은 믿기 힘들 정도로 놀라워요. **딸깍! 끼리릭!** 세계 각지에서 독특한 사투리를 구사하기도 하죠. 돌고래의 지능을 놀랍게 여긴 인간은 돌고래의 뇌를 속속들이 연구했어요. 그래서 돌고래가 정말로 예민한 동물이란 사실을 알아냈어요. 돌고래는 '알겠어. 네가 나와 같은 돌고래가 아니더라도, 네가 겪은 상황들을 이해해.'라고 생각할 수 있어요. 바로 '이해'하기 때문에 친절하게 행동할 수 있는 것 아닐까요?

 본능적으로 친절을 베푸는 것

2007년에 토드 엔드리스는 캘리포니아주 몬터레이만의 바다에서 파도타기를 하고 있었어요. 몬터레이만에는 누가 살고 있을까요? 아마 돌고래라고 생각했겠죠? 돌고래는 나중에 나와요.

백상아리에 대해 이야기 좀 할게요.

날카로운 이빨을 가진 포식자, 백상아리가 물속에서 불쑥 뛰어나와서 토드를 아주 심하게 물어뜯었어요. 그대로 내버려 뒀다면 토드는 아마 죽었을 거예요. 이때 누가 나타났을지 감이 오나요? **바로 큰돌고래 떼였어요!** 토드가 위험에 처한 걸 발견한 큰돌고래들은 곧바로 움직이기 시작했어요. 백상아리를 쫓아내고, 토드를 빙 에워싸며 해안가로 돌아갈 수 있게 도와줬어요.

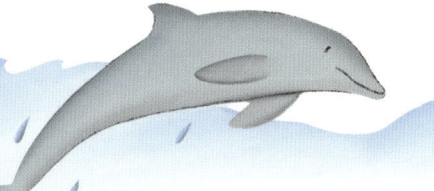

모코의 이야기는 훨씬 더 놀라울지도 몰라요. 뉴질랜드 동부 해안가에서 가장 많은 사랑을 받는 돌고래 모코는 두 마리의 향유고래를 구한 히어로예요. 어미 고래와 새끼 고래가 얕은 물에 갇히고 말았죠. 깊은 바다로 돌아가지 못하면 죽게 될지도 모르는 상황이었어요. 모코는 돌고래만의 활기찬 방식으로 두 마리의 향유고래를 먼바다까지 데려다줬어요. '날 따라와!' '고마워!' '천만에!'

이런 이야기는 어쩌다 한 번 일어나는 일이 아니에요. 역사를 살펴보면 돌고래는 먼 옛날부터 불쑥 나타나 도움을 주곤 했어요. 돌고래의 구조 본능에 관해 쓴 고대 그리스 사람 이야기를 찾아보세요. 혹은 물에 빠져 죽을 뻔했다가 돌고래 덕분에 살아난 사람들의 경험담도 수두룩하죠. 실제로 돌고래는 아주 친절하게 생겼어요. 살짝 올라간 입꼬리와 진주처럼 하얗고 작은 이빨 때문에 항상 웃고 있는 것처럼 보여요.

정말 대단한 건, 누군가 시켜서 한 일이 아니라는 거예요. 돌고래한테도 계획에 없던 행동이었을지도 몰라요. 하지만 돌고래는 언제라도 동정심이 들면, 본능적으로 풍덩 뛰어들어서 도와줘요.

다음에 나오는 동물들도
발 벗고 나서요.

까마귀의 선물

여러분에게 가장 소중한 물건은 무엇인가요? 할아버지가 물려주신 야구 방망이인가요? 아니면 침대 맡에 둔 과학상 트로피인가요? 혹은 까마귀가 바다에서 주워다 준 동글동글한 유리 조각이 아닐까요? 마지막 물건은 좀 이상해 보일 수도 있어요! 하지만 까마귀는 종종 인간 친구에게 작은 선물을 주곤 해요. 특히 먹이를 준 사람에게요. 2015년 영국 전역의 신문에서는 까마귀를 친구로 둔 미국의 소녀 가비 만의 이야기를 실었어요. 가비는 학교에 가기 전에 뒷마당에 땅콩과 개 사료를 뿌려 두었어요. 까마귀는 "너무 맛있어."라고 말하듯, 가비에게 고마움을 표했어요. 그리고 보답으로 구슬, 단추, 썩은 게딱지 등 선물을 가져다주었지요. 썩은 게딱지는 까마귀에게 아주 소중한 물건이에요! 가비는 까마귀가 준 선물을 잔뜩 모아 두었죠.

당나귀의 인사

인간은 친구를 위해 서로의 머리를 빗겨 주진 않아요. 하지만 동물의 세계에서는 털을 손질해 주는 일이 친절한 행동으로 통하곤 해요. 들판에 두 마리의 당나귀가 있다고 상상해 보세요. 한 마리가 "안녕! 안녕!" 떠들썩하게 인사하며 다른 당나귀에게 다가가더니, 자연스럽게 친구의 목을 깨물기 시작해요. 당나귀는 이빨로 긁어 주는 걸 아주 좋아하거든요.

아기 오리야, 내가 지켜 줄게!

강아지를 이보다 더 사랑할 순 없겠다고 생각했을 때, 여러분은 새를 구한 개들의 이야기를 듣게 될 거예요. 개들은 종종 깃털 달린 작은 생명체를 보살피곤 한대요. 전 세계적으로요. 예를 들어, 여기 새끼 오리 아홉 마리를 돌보고 있는 래브라도리트리버가 있어요. 더그라는 이름을 가진 이 녀석은 아홉 마리의 새끼 오리를 등에 업고 다녔어요. 마치 오리들을 입양이라도 한 것처럼 아빠가 되어 주었지요. 더그는 버려진 새끼 오리들을 대가 없이 거두었어요.

그럼 여러분은 어떤 방법으로 친절을 베풀 수 있을까요? 이웃 할아버지, 할머니께 편지를 쓰거나, 가족에게 아침 식사를 만들어 줄 수 있을 거예요. 아니면 집에서 키우는 강아지의 배를 살살 쓰다듬어 줄 수도 있죠. 강아지가 손길을 좋아한다면요!

**세상은 그 어느 때보다도 지금, 친절이 필요해요.
여러분의 작은 행동이
온 세상에 친절을 퍼트릴 지도 몰라요.**

차이를 뛰어넘어요.

이제 까마귀처럼 친절하게 행동하고 오랑우탄처럼 공감하고 있나요? 아주 잘 하고 있어요! 그런데 할 일이 하나 더 있어요. 넓은 의미에서 친절이란, 차이를 뛰어넘어 모든 것을 포용하는 것을 뜻하기도 해요. 생김새나 행동, 생각이 나와 다르더라도요. 돌고래와 향유고래, 개와 새끼 오리의 이야기를 통해 친절이 가진 힘에 대해 알았어요. 마지막으로 새끼 하마와 나이 든 거북이의 이야기를 하나 더 해 볼게요.

하마와 거북이의 공통점이 뭘까요?

둘은 물에서 첨벙첨벙 노는 걸 좋아하지만, 그다지 친한 사이는 아니었대요. 그런데 케냐에서 새끼 하마가 무시무시한 쓰나미에 휩쓸려 먼바다로 떠내려가는 일이 벌어졌어요. 이후에 만난 둘은 우정을 싹틔우게 되었지요. 지역 주민들은 재빨리 움직여서 새끼 하마를 구했어요. 새끼 하마는 맨 처음 구해 준 사람의 이름을 따서 오언이라는 이름을 갖게 되었지요. 희한하게도 새끼 하마는 거북이를 따랐어요. 작은 하마는 케냐의 야생 동물 보호 구역에 옮겨지자마자, 130살 된 코끼리거북이 미즈에게 곧장 달려가더니 그 뒤로 재빨리 몸을 웅크렸지요. 300킬로그램이나 되는 새끼 하마가 거침없이 달려오는 모습을 보고 거북이는 어떤 생각을 했을지 상상이 가나요? '안 돼, 이대로 하마의 저녁밥이 될 순 없어!' 아니면 '아, 짜증 나! 대체 누가 얘를 들여보낸 거야?'라고 생각했을지도 몰라요. 실제론 귀찮은 쪽에 가까웠죠. '왜 자꾸 날 쫓아다니는 거야? 할 일이 그렇게 없니?' 미즈는 심드렁하게 말하는 듯했어요.

새끼 하마는 어미와 함께 있으면 이렇게 몸을 웅크리곤 해요. 어미 뒤로 성큼성큼 뛰어가서 그 밑에 숨어 버리죠. 얼마 뒤에 미즈는 깨달았어요. '이 작은 녀석이 날 해치지 않는구나. 꽤 착한걸?' 그래서 거북이는 하마 옆에서 자고, 같이 놀아 주면서 친절을 베풀기 시작했어요. 그리고 둘은 기적적으로 소통할 수 있게 되었죠. 고개를 끄덕이고 다른 소리를 내며 둘만의 언어를 만들었어요.

오언에겐 미즈가 필요했어요. 미즈는 나와 전혀 다른 존재인 오언에게 도움의 손을 내밀었고요. 아니, 도움의 발가락과 발톱이었죠!

거북이와 하마가 서로를 너그럽게 감싸 준 것처럼, 여러분도 충분히 다른 누군가를 받아들일 수 있을 거예요. 우리가 만날 이들은 적어도 모두 사람이잖아요! 종이 달라서 애먹는 일은 없을 거예요.

이렇게 좋은 친구를 언제 또 만날 수 있을지는 아무도 몰라요.

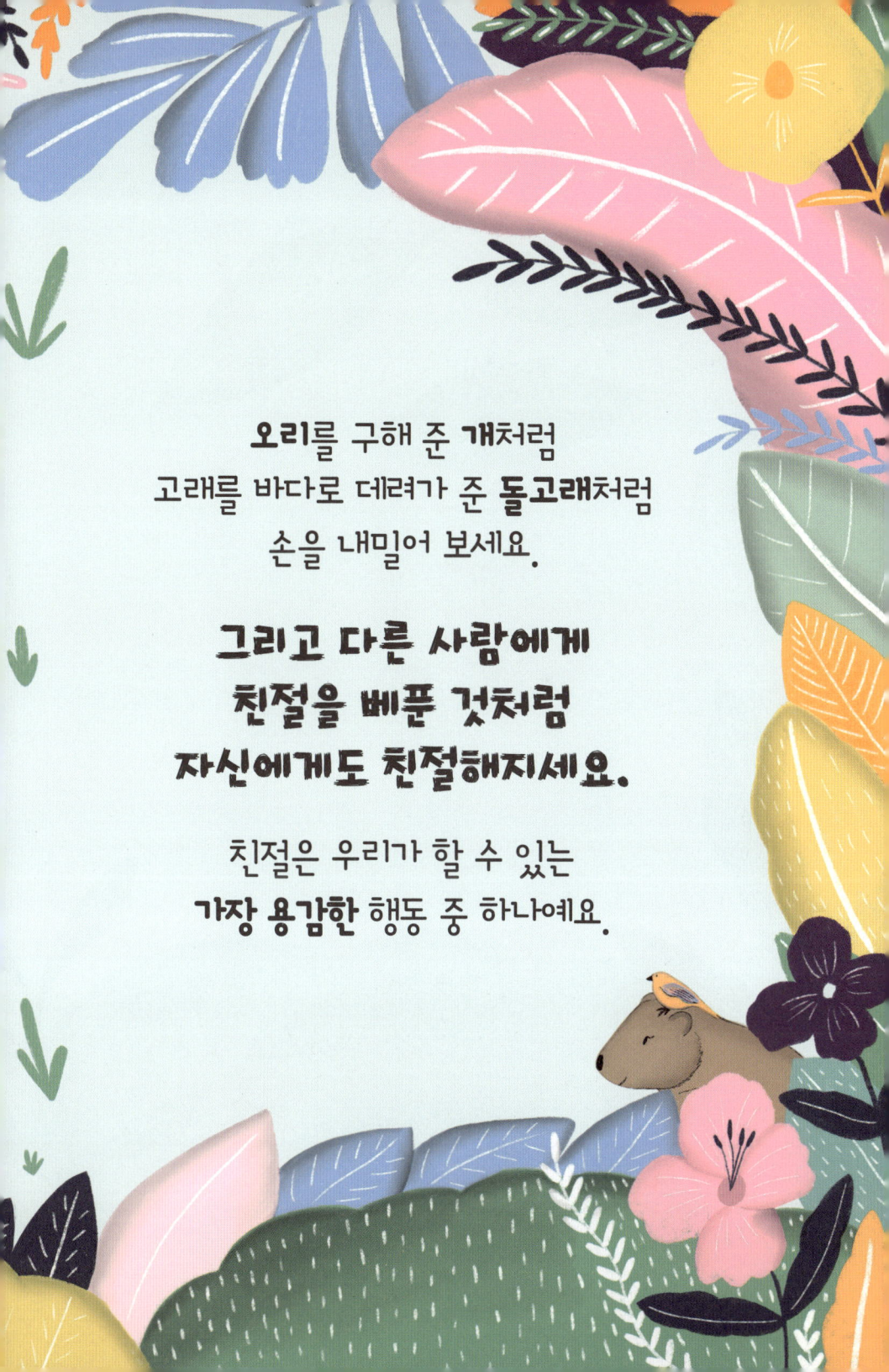

오리를 구해 준 개처럼
고래를 바다로 데려가 준 돌고래처럼
손을 내밀어 보세요.

그리고 다른 사람에게
친절을 베푼 것처럼
자신에게도 친절해지세요.

친절은 우리가 할 수 있는
가장 용감한 행동 중 하나예요.

5장
가시를 보여 주자!

용기 발견하기

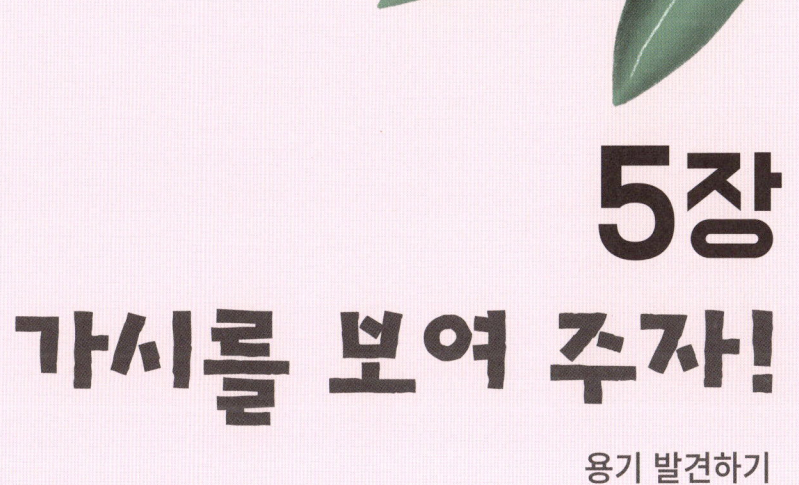

나만의 용기를 발견해요.

　사람들은 용기를 내는 게 아주 드물고 어려운 일이라고 생각해요. 불타는 건물에 뛰어드는 소방대원이나 로켓을 타고 우주로 날아가는 우주 비행사처럼 몇몇 훌륭한 사람만 용감하다고 생각하죠. 하지만 실제로 용감한 행동은 그렇게 떠들썩하지도 않고, 우리 주변에서 꽤 많이 발견할 수 있어요. 사실, 용감한 사람은 어디에나 있죠. 우리 모두는 두려움을 마주할 능력, 즉 **용기를 마음속에 갖고 있어요**. 동물들만 봐도 충분히 알 수 있죠.

　우리는 동물의 용감한 행동을 알아채지 못할 때가 많아요. 왜냐하면 동물들이 자신들의 용감한 행동에 대해 책을 써 두진 않으니까요! 도서관에는 치타가 쓴 〈치타 씨의 용감한 모험〉과 같은 책이 없잖아요.

　또 우리는 동물들의 어떤 행동이 용감한 것인지도 잘 몰라요. 배를 드러내 놓고 있는 고슴도치를 보고, '와, 진짜 용감한데? 저 고슴도치는 용기 있어!'라고 생각하지 못하죠. 하지만 고슴도치에겐 배를 뒤집고 뒹굴기까지 엄청난 용기가 필요해요. 작은 포유류에서부터 커다란 파충류에 이르기까지 동물들은 매일매일 엄청난 용기를 내고 있어요.

용감한 사람을 괜히 '사자 같다'고 말하는 게 아니에요.
여러분도 지금 사자 같은 걸요?

우리는 종종, 나도 모르게 용감한 행동을 하기도 해요. 예를 들어 눈을 질끈 감고 치과에 가거나, 아주 어려운 시험을 치르는 것처럼요. 이번 장에서는 여러분 안에 있는 힘을 끌어내는 이야기를 해 볼게요.

먼저 북극곰부터 살펴본 다음에, 다른 열 마리의 동물들의 이야기도 들어 보아요. 수리와 같은 동물은 이미 예상했을 수도 있어요. 하지만 나비와 젖소의 이야기를 들으면 깜짝 놀랄 거예요. 동물들이 예상치 못한 곳에서 불쑥 용기를 보여 주듯, 여러분도 앞에 놓인 장애물이 무엇이든 무찌를 능력이 있다는 걸 보여 주길 바라요. 이번 장이 끝날 때쯤에는 두려움을 인정하고, 때때로 친구에게 도움을 청하며, 용감한 행동으로 힘을 기르는 것이 얼마나 중요한 일인지 깨닫게 될 거예요.

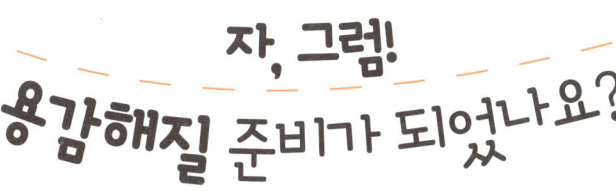

자, 그럼!
용감해질 준비가 되었나요?

숨을 깊이 들이마시고서
다음 장으로 넘어가세요.

무엇을 위해 싸울 건지 결정해요.

어떤 두려움이든 이겨 내는 게 용감한 것이라고는 하지만, 때때로 정말 중요한 것을 이루기 위해선 선택해서 싸워야 할 필요가 있어요.

새끼를 지키기 위해 싸우는 북극곰

북극곰은 이름만 들어도 굉장히 용감할 것 같지 않나요? 세상에서 가장 살기 힘든 북극에서 꿋꿋이 살고 있으니까요. 마음먹고 덤비면 무엇이든 쓰러트릴 수 있을 것 같아요. 눈처럼 하얀 포식자인 북극곰에게서, 우리는 큰 교훈을 얻을 수 있어요. 특히 사랑하는 새끼의 목숨이 걸린 위험한 상황에서 두려움을 무릅쓰고 맞서는 모습을 통해 커다란 용기를 배울 수 있어요.

북극곰은 새끼를 위해서라면 같은 북극곰끼리라도 맹렬히 맞서 싸워요. 2017년 미국의 자연·과학 잡지 내셔널지오그래픽의 야생 동물 사진가들은 사나운 어미 곰과 새끼 곰 두 마리의 모습을 사진으로 담았어요. 캐나다의 북극 지방 깊숙한 곳에 살던 세 마리의 북극곰은 주린 배를 안고 바닷가로 나왔어요. 하지만 얼음이 녹아 있어 사냥을 할 수가 없었지요. 얼음이 다시 얼 때까지 기다려야 했어요. 그런데 그때, 마찬가지로 굶주린 수컷 곰이 다가와 이들을 위협했어요. 몸무게가 500킬로그램이 넘는 수컷 곰은 어미 곰과 새끼를 단숨에 쓰러트릴 수도 있었죠. 그런데 어미 곰이 먼저 수컷 곰에게 달려들어 코를 맞댔어요. "물러서지 못해? 썩 꺼져!" 어미 곰은 새끼 곰을 등 뒤에 숨기고, 이빨을 드러내며 맹렬히 수컷 곰을 공격했어요. 그리고 해냈어요! 수컷 곰은 잽싸게 달아났어요.

어미 곰은 그 어떤 것도 두렵지 않았어요.

새끼를 지키기 위한 어미 곰의 사랑은 두려움보다 더 강했어요.

거위도 마찬가지예요. 새끼를 지킬 땐 가차 없죠. 어미 늑대도 건드리지 마세요! 어미 늑대는 새끼가 조금이라도 위험하다 생각되면 곧바로 경계 태세를 갖춰요. 발톱을 세우고, 이빨을 드러내며 으르렁거리죠.

자식을 지키기 위한 부모의 행동만이 용기가 아니에요.
동물은 자신에게 소중한 것이 위협받는 순간,
다양한 방법으로 용기를 발휘하죠.

집을 지키기 위해 싸우는 코알라

코알라가 얼마나 온순한지, 얼마나 오랫동안 유칼리나무에서 내려오지 않는지 얘기했던 거 기억하나요? 코알라는 혼자 있는 시간을 정말 좋아해요. 아니 사랑해요! 코알라끼리 싸우는 경우는 아주 드물지만, 집을 두고서 간혹 실랑이를 벌이곤 하죠. 코알라는 영역을 굉장히 중요하게 여기는 동물이에요. 코알라는 자기 영역 안으로 들어오는 손님을 반기지 않아요. 코알라는 영역을 침입한 침입자에게 언제든 용감하게 소리칠 준비가 되어 있어요. '여긴 내 집이야!'

먹고살기 위해 싸우는 장수거북

지구에서 가장 큰 거북이인 장수거북은 질긴 피부를 가진 파충류인데, 몸무게가 900킬로그램까지 나가기도 해요. 게다가 한 해 동안 약 15,000킬로미터를 헤엄치죠. 엄청나게 길고 긴 여정이에요! 그런데 장수거북은 왜 그렇게 먼 길을 떠날까요? 멀기만 한 게 아니에요. 곳곳에 위험이 도사리고 있죠. '음, 거북이 간식이군!' 하고 입맛을 다시는 범고래를 만나거나, 그물에 걸릴 수도 있거든요. 그런데 왜 장수거북은 이런 위험을 감수하고도 먼바다까지 헤엄쳐 가는 걸까요?

두려움을 이기는 배고픔이 있기 때문이에요! '봄에는 인도네시아 해안가에서 지내기가 힘들어. 먹을 해파리가 부족하단 말야. 얼른 짐을 싸야겠어….'

물론, 장수거북에게는 짐을 쌀 가방이 없어요!

등껍질 속엔 허기진 배만 있을 뿐이죠. 태평양에 떠다니는 수많은 해파리가 장수거북의 배를 두둑이 채워 줄 거예요. 장수거북은 이동하는 동안에 어떤 위험이 닥치더라도 용기를 내요. 배불리 먹고, 끝까지 살아남는 것이 가장 중요하니까요.

여러분에게도 목숨을 걸고 싸울 만큼 지키고 싶은 것이 있나요? 어떤 것을 위해 용기를 발휘할 수 있나요? 북극곰을 지키기 위해 목소리를 내는 환경 운동가처럼 자신의 신념을 당당하게 내세울 수 있나요? 혹은 누군가에게 '난 네가 좋아.'라고 말해 보는 것은요? 나의 약점을 드러내고, 감정을 솔직하게 털어놓는 데에도 용기가 필요해요. 내 마음속에 있는 북극곰과 장수거북을 살피고, 무엇을 위해 싸울지 정해 보세요. '나는 북극곰만큼, 장수거북만큼 굳세다! 누구도 나를 막을 수 없다!'라고 상상해 보세요. 무엇을 위해서 싸울지 떠올랐나요?

여러분은 이미 답을 알고 있어요.

우린 모두 다른 것을 두려워해요.

마음속 용감한 동물을 마주하기 전, 여러분들은 스스로 질문하게 될 거예요. '내가 두려워하는 것은 무엇일까? 난 어떨 때 용기가 필요할까?'

우리는 대부분 다치는 걸 두려워해요. 해파리에 쏘일까 봐 헤엄치는 걸 망설일 수 있어요. 장수거북에겐 해파리가 맛있는 간식이겠지만, 사람에겐 아니니까요! 아니면 자전거를 타다 내리막길을 마주했을 때, 넘어질까 봐 페달 딛는 것을 망설일 수도 있죠.

어떤 두려움은 나한테만 나타나는 거라서, 남들은 이해하지 못하기도 해요. 거미를 무서워한다거나, 누군가는 베개를 두려워할지도 모르죠! 아니면 오리털이라든가 혹은 오리털 베개라든가! 대수롭지 않은 것을 두려워하기도 해요.

젖소도 이걸 아주 잘 알고 있어요.

'저게 뭐야? 세상에, 뭔데? 그림자라고! 안 돼. 시계라고? 뭐야, 갑자기 움직였어! 밥그릇이 바뀌었네? 너무 반짝거려. 소리도 너무 울리고. 원래 쓰던 거랑 너무 다르잖아!' 젖소는 익숙하지 않은 물건이나 바닥에 드리운 검은 그림자를 정말 싫어해요. 살짝만 눈에 뜨여도 부리나케 달아나죠.

도망치는 젖소의 모습이 바보 같아 보일 수 있어요. 그림자일 뿐이고, 그냥 시계일 뿐이고, 밥그릇이 조금 달라졌을 뿐이니까요. '에이~ 겁쟁이네!' 하는 생각이 들기도 하죠. 하지만 젖소는 자신이 느끼는 두려움에 솔직하게 행동한 거예요. 우리에겐 위험해 보이지 않지만, 젖소한테는 정말 두려운 것일 수 있거든요. 그런데, 자세히 살펴보면 젖소는 커다란 용기를 발휘하고 있어요.

뒤로 물러남으로써 '맞아, 난 이게 두려워.'라고 인정하고 있어요.

하지만 거기서 끝이 아니에요. 젖소는 그림자나 시계 또는 밥그릇이 있는 곳으로 서서히 다가가요. 두려움에 맞서고 있는 거예요. 누가 젖소더러 겁쟁이라고 했나요?

어떤 말은 안장을 무서워하기도 하고, 어떤 강아지는 풍선을 무서워하죠. 하지만 이들은 두려운 대상을 알고 난 뒤, 그것이 무엇인지 탐색하기 시작해요. 그리고 곧 깨달아요. '어라, 녀석 별거 아니네?' 안장이나 풍선이 말과 강아지를 해치지 않는다는 사실을요. 작고 보잘것없는 것을 두려워한다 해도, 그 두려움은 여러분이 실제로 느끼는 감정이에요. 두려움을 이겨 내려면 먼저 두려움을 인정해야 하죠.

완전히 이겨 내려면 시간이 조금 걸리겠지만요.

작은 행동부터 시작해요.

좋아요, 여러분은 마음속의 북극곰을 깨우려고 노력하고 있어요. 두려움을 받아들이는 게 중요하다는 것도 이제 알겠어요. 하지만 로봇 변신하듯, 순식간에 용감해져야 한다고 생각하지 마세요. 작고 평범한 행동으로 조금씩 시작해 보는 거예요. 작은 용기는 나중에 더 큰 용기로 이어질 테니까요.

브리타니의 이야기를 예로 들어 볼게요. 골든리트리버 브리타니가 처음부터 영웅이었던 건 아니에요. 갓 태어났을 때는 기운 넘치고 호기심 많은 강아지였죠. 하지만 2년 후, 브리타니는 역사상 가장 큰 구조 임무인 9.11 테러 사건에 수색 구조견으로 투입돼요. 2001년 9월 11일, 테러리스트가 납치한 두 대의 비행기가 뉴욕의 세계 무역 센터 쌍둥이 빌딩으로 곧장 날아가 충돌하면서 건물이 와르르 무너져 버렸거든요. 용감한 브리타니는 무너진 건물 잔해 속에서 생존자를 찾기 위해 열두 시간 동안 코를 킁킁거리며 수색했어요.

그저 귀여운 강아지였던 브리타니는 어떻게 영웅이 될 수 있었을까요?

브리타니는 임무를 수행하기 위해 세심한 훈련을 받아 왔어요. 오로지 냄새에 집중할 수 있도록 하는 훈련이었죠. 주위에서 큰 소음이 들려도 동요하지 않고, 수색을 이어갈 수 있도록 연습하고 또 연습했어요. 브리타니는 어지럽고 위험한 상황 속에서도, 본능에 집중하면 두려움을 이겨 낼 수 있다는 사실을 배우게 됐어요. 덕분에 현장에서 듬직하게 임무를 다할 수 있었지요.

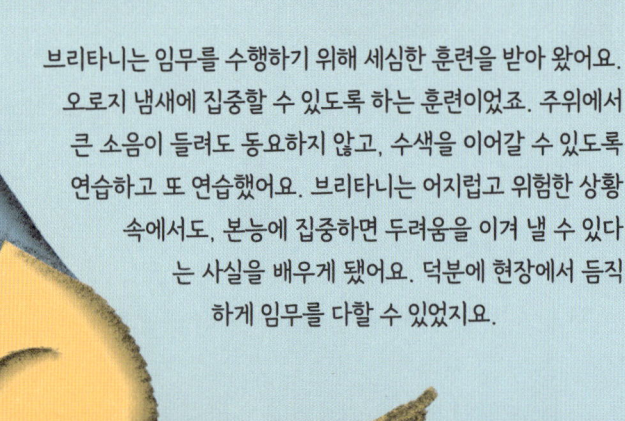

골든리트리버와 남미수리는 완전히 다른 동물이에요. 강아지더러 독수리처럼 페루의 높은 나무 꼭대기에 둥지를 틀라고 한다면 덜덜 떨었을 거예요. 하지만 닮은 게 한 가지는 있어요. 골든리트리버와 마찬가지로 남미수리도 조금씩 용기를 키웠거든요.

남미수리는 세계에서 가장 강한 새 중의 하나이자 최고 포식자이기도 해요. 곰처럼 갈고리 모양의 발톱을 가진 남미수리는 큰 힘을 들이지 않고도 나무늘보를 쓰러트릴 수 있어요. 하늘 위에서 빠른 속도로 휙 내려오는 모습을 본다면, 남미수리가 태어날 때부터 용감했을 거라고 생각할 거예요.

**하지만 남미수리는
둥지에서부터 용기 내는 법을 연습했어요.
태어난 후, 5~6개월 동안 둥지 밖을 엿보다
마침내 작고 서툰 첫 비행을 해냈죠!**

여러분이 반 친구들 앞에 서서 말하는 걸 두려워한다고 가정해 볼게요. 긴장하지 않으려면 어떤 준비를 하는 게 좋을까요? 먼저 친구와 가족 앞에서 연습해 볼 수 있어요. 그다음 용감한 브리타니처럼 주위에 신경 쓰지 않고, 중요한 일에 집중하는 법을 조금씩 훈련해 보는 거예요.

딱 한 발짝이면, 두려움을 이겨 낼 수 있어요.
날아올라 보는 거예요!

약점도 강점이 될 수 있어요.

그렇다면, 약점은 어디서 생기는 걸까요?

먼저 약점의 진짜 의미를 알아볼까요? 왜냐하면 사람들이 잘못 알고 있는 경우가 많거든요. 약하다는 건 누군가에게 자신의 진짜 모습을 보여 준다는 거예요. "조금 두렵긴 하지만, 나에게 다가오는 것을 허락할게."라고 말하는 거죠. 굉장히 용감한 행동이에요! 사람들은 흔히 약점이 단점이라고 생각해요. 예를 들면 우리는 남들 앞에서 울거나 마음속 이야기를 나누는 것을 꺼리죠. 도리어 상처받을까 봐 마음을 꽁꽁 걸어 잠가요. 그렇지 않나요?

틀렸어요!

실제 위협으로부터 자신을 지키는 능력은 아주 중요해요. 고슴도치도 이 점을 잘 알고 있죠. 가시가 달린 포유류인 고슴도치는 무시무시한 독사에게 한입에 먹힐 만큼 덩치가 작지만 맞서 싸울 수 있어요.

고슴도치의 등은 가시로 덮여 있어요. 가시는 사람의 손톱처럼 딱딱한 단백질로 이루어져 있죠. 고슴도치는 위협을 받으면 부드러운 분홍 배를 보호하기 위해 작은 공처럼 몸을 돌돌 말아요. '하, 이렇게 하면 날 공격할 수 없겠지. 어디 한번 덤벼 봐!' 여우 같은 포식자도 이런 가시에 찔리면 엄청 아파요. 5,000개가 넘는 못이 여러분을 찌른다고 상상해 보세요!

그런데 고슴도치는 돌돌 마는 법 말고,
활짝 여는 법도 알고 있어요.

  사람들에게 말랑말랑한 아랫배를 보여 주는 것도 고슴도치에겐 전술이죠. 고슴도치가 몸을 말아 용감하게 자신을 지켰던 것처럼, 가시를 눕히는 것도 선택할 수 있어요. 스스로 약점을 드러내는 것이죠. 이 또한 용기라는 걸, 우리는 알 수 있어요.
  반려동물로 키우는 고슴도치는 보통 배를 쓰다듬어 주는 걸 좋아해요. 긴 하루를 보낸 후에 배를 잘 쓰다듬어 주면 편안함을 느끼죠. 하지만 고슴도치는 그런 행동을 하기 전, 다음과 같은 고민을 해야 해요. '내 배를 쓰다듬어도 될 만큼 이 사람은 믿을 만한 사람일까? 혹시 날 다치게 하진 않을까? 진짜 내 모습을 보여 줘도 될까?' 고민하던 고슴도치는 잠시 후, 긴장을 풀고 가시를 눕혀요.

  용기를 보여 준 거예요!

  고슴도치는 자신을 다 내보이고 사람들을 받아들였어요. 나의 약한 모습을 보여 주었을 때 비로소 얻는 이해와 사랑 그리고 행복이 있어요. 여러분에겐 고슴도치처럼 필요할 때 바짝 곤두세울 수 있는 가시가 있지만, 가끔은 그 가시를 내려놓아 보세요. 더 즐겁고 더 용감해질 거예요.

무리에 기대요.

'용감하게'라는 게 꼭 혼자서 맞서라는 뜻은 아니에요. 어쩌다 장애물을 만나면, '내가 알아서 할게. 혼자 할 수 있어. 난 강하거든!' 으름장을 놓기도 해요. 하지만 도움이 필요한 경우도 있어요. 게다가 우리는 협동심이라는 멋진 힘을 갖고 있어요. 다른 사람이 기꺼이 도와주겠다는데, 왜 혼자서 뛰어들려고 하나요? 만약 카리부였다면 그러지 않았을 텐데요. 카리부에 대해선 잠시 후에 설명할게요.

결론은 여러분이 친구, 가족, 공동체와 같은 무리에 의지할 수 있고, 의지해야 한다는 거예요. 예를 들어 학교에서 무료 급식을 주장하거나, 동물 보호 운동을 추진하려고 할 때, 내 옆에서 나를 지지하며 열심히 도와주는 친구가 있다면, 나는 조금 더 용감해지지 않을까요?

동물들은 몇 번이고 반복해서
우리에게 용기를 보여 줘요.

세계에서 가장 먼 거리를 이동하는 육지 포유동물인 카리부를 한번 만나 볼까요? 여름부터 겨울까지 이어지는 카리부의 여정을 함께 따라가 봐요. 카리부는 억센 풀과 강한 동물이 사는 툰드라에서부터, 이끼 위에 소복이 눈이 쌓이는 보다 추운 땅으로 이동해요. 혹시, 카리부에게서 특이한 점을 발견했나요? 저 크고 멋진 뿔은 빼고요. 바로 무리 지어 있다는 거예요. 이 무리 지은 카리부가 얼마나 먼 거리를 이동하는지 살펴볼게요. 카리부는 1년에 5,000킬로미터의 땅을 가로질러 가요. 20만 마리의 카리부가 들판을 지나서 강을 넘어 삐뚤빼뚤한 길을 쭉 걸어가죠. 위험하고 힘든 여행이에요.

　시간이 지날수록 더더욱 힘들어지죠.

　석유나 가스를 나르려고 땅에 묻은 수송관이 해마다 늘고 있거든요. 불쑥불쑥 솟아 있어 이동을 방해해요. 사람이 만든 장애물들로 길이 어지러워졌죠. 카리부는 따로 떨어져 있으면 불안해해요. 장애물 앞에 혼자 멈춰 선 카리부는 '앗, 안 돼, 건너지 마!' 겁을 먹고 망설여요. 하지만 무리와 함께 있을 때 커다란 용기가 생기죠. "내가 여기 있잖아! 우리가 도와줄게! 혼자 하지 않아도 돼!" 서로 응원하는 소리가 들리는 것 같아요. 카리부는 우르르 함께 장애물을 뛰어넘으며 여행을 이어 나가요.

카리부 말고도 여럿이 모여 힘을 발휘하는 동물은 또 있어요. 앞에서 이야기한 카피바라와 칠레홍학도 서로 의지하며 용기를 얻었죠. 더 이야기한다 해도 나쁠 건 없으니, 다른 동물들을 소개해도 될까요?

나비의 무게

카리부와 장수거북처럼 왕나비도 철을 따라 이동하는 동물이지만, 크기가 훨씬 작아요. 왕나비 한 마리의 평균 무게는 겨우 0.5그램밖에 되지 않거든요. 하지만 29,000마리가 미국과 캐나다에서 멕시코까지 다 함께 이동하는데, 이 여정은 동물의 세계에서도 아주 혹독하기로 손꼽혀요. 왕나비들은 추위로부터 날개를 보호하기 위해 서로에게 기대어 날고, 쉴 때에도 안전을 위해 뭉쳐서 쉬어요.

우~욱, 우~욱!

영화 〈라이온킹〉에 나오는 하이에나는 굉장히 겁이 많지만, 사실은 그렇지 않아요! 몽구스와 가까운 친척이고 개와도 멀지 않은 사이인 점박이하이에나는 조심스럽고도 대담한 사냥 계획을 세운 후, '우~욱, 우~욱!' 독특한 소리로 무리를 불러모아요. 사바나에는 이 시끄러운 소리가 쩌렁쩌렁 울려 퍼지죠. '이 사자에게 겁을 줘야 해! 서둘러!' 혹은 '여기로 모여! 이 얼룩말을 쓰러트리자!'라는 뜻일지도 몰라요. 어느 쪽이든 간에 이 소리는 다 같이 모여서 용감하게 공격하자는 집합 신호예요. "우리는 따로 떨어져 있는 것보다 함께 있을 때 더 강하잖아!"

무리에 의지하는 것을 두려워하지 마세요.

어쩌면 여러분은 기부 마라톤에 참가하거나, 치열한 경쟁에 뛰어들거나 혹은 아픈 병과 싸우고 있을지도 몰라요. 가능하다면 친구와 가족 그리고 공동체의 도움을 받으세요. 그들의 용기에서 힘을 얻으세요. 언젠간 여러분도 그들에게 똑같이 힘이 되어 줄 거라 믿어요.

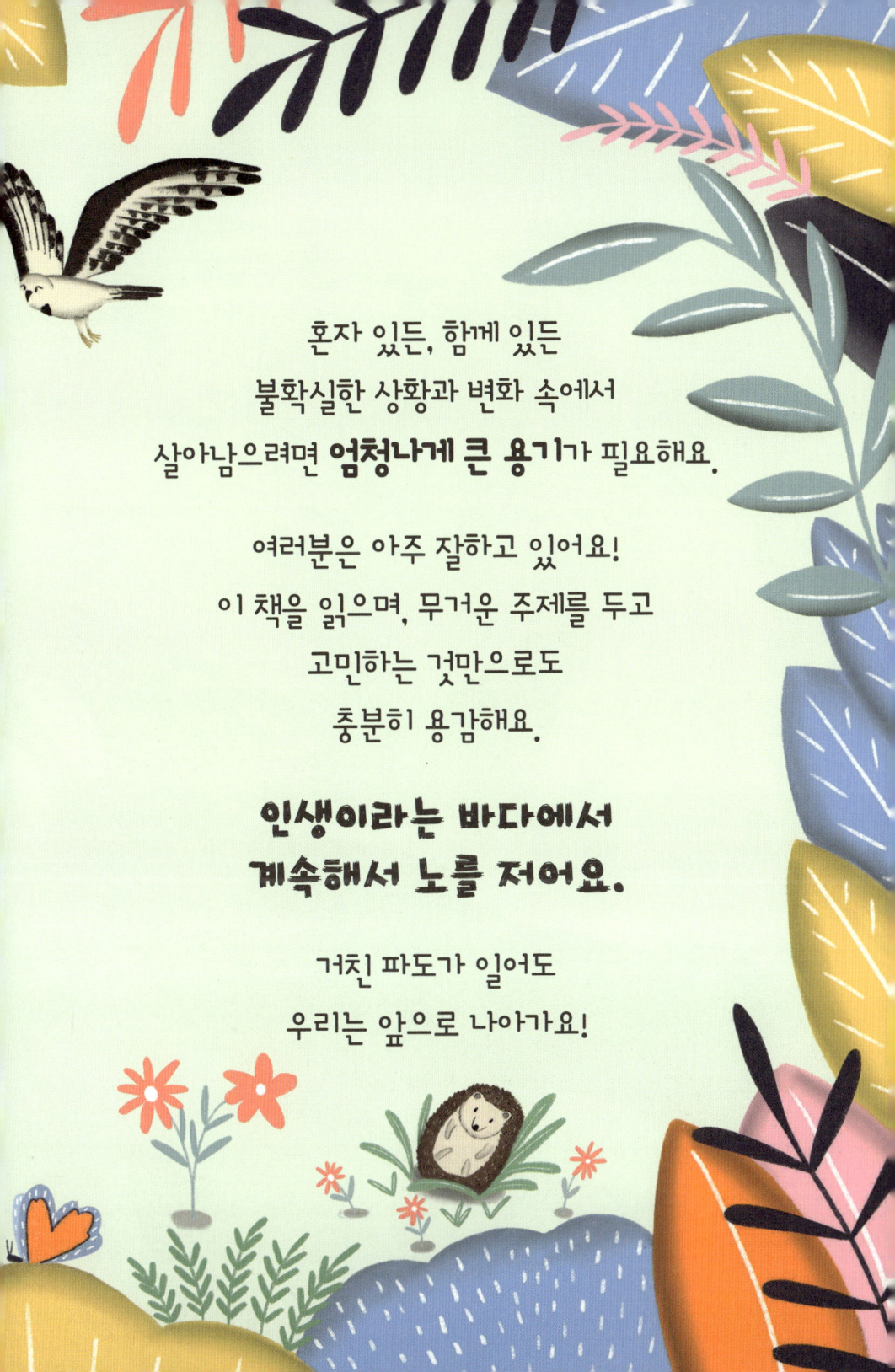

혼자 있든, 함께 있든
불확실한 상황과 변화 속에서
살아남으려면 **엄청나게 큰 용기**가 필요해요.

여러분은 아주 잘하고 있어요!
이 책을 읽으며, 무거운 주제를 두고
고민하는 것만으로도
충분히 용감해요.

**인생이라는 바다에서
계속해서 노를 저어요.**

거친 파도가 일어도
우리는 앞으로 나아가요!

6장
계속해서 헤쳐 나가자!

다시 일어서기

인생은 도통 예측할 수가 없어요. 나비가 날개를 한 번 펄럭거리거나 고양이가 콧수염을 가볍게 움직이기만 해도 인생은 바뀔 수 있어요. 어떨 때는 기대하지 않은 눈부신 변화가 일어나기도 해요. 감당하기 어려운 끔찍한 일을 마주하기도 하죠. 어쨌거나 우리는 위기를 무릅쓰고 일어나 다시 길을 헤쳐 나가야 해요. 여러분에게 들려줄 아주 멋진 이야기가 있어요!

여러분이 타고나길
용감하고, 친절하고, 특별한 사람인 것처럼
회복력도 타고났어요.

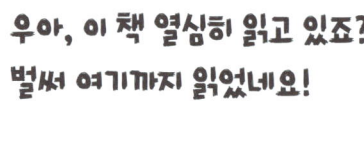

우아, 이 책 열심히 읽고 있죠?
벌써 여기까지 읽었네요!

하지만 우리가 계속 앞으로 나아가려면 가끔은 약간의 격려도 필요해요. 이 장에 나오는 동물들이 훌륭한 이유가 바로 여기에 있어요. 런던의 붉은여우부터 '지피 치피'라는 이름을 가진 말까지, 이들을 통해 문제를 받아들이는 태도와 인내의 방법을 탐구해 볼게요.

**힘든 시기는 결국 지나갈 테고
우리는 도움을 청할 수 있으며
슬픔을 포함한 모든 감정은 느껴 볼 가치가 있다는 걸
동물들이 알려 줄 거예요.**

그리고 여러분의 손을 꼭 잡아 줄 거예요. 말하자면 그렇다는 거죠. 흡혈박쥐가 꼭 껴안아 준다고 하면 모두 도망갈 거잖아요. 스컹크의 손을 잡는 것도 한 번, 아니 두 번! 생각해 봐야 할 일이죠.

이번 장을 읽으면서 사람들은 모두 다르므로 위기에 대처하는 방법도 제각각 다르다는 점을 꼭 기억해 두세요. 여러분은 범고래나 라쿤과 닮았을 수도 있어요. 루이지애나 흑곰이나 새끼 천산갑에게서 영감을 얻거나 아주 작은 불개미로부터 아이디어를 얻을 수도 있고요. 여러분이 가진 뛰어난 회복력으로 이들을 뛰어넘길 바랄게요.

여러모로 호락호락하지 않은 세상이에요. 특히 지난 몇 년 동안은 더더욱 힘들었죠.

**하지만 여우는 준비됐어요!
지피 치피도 준비됐어요!**

**이 동물들이 어려운 고비를
넘길 수 있도록 도와줄 거예요.**

변화에
적응해 보세요.

인간으로 살아갈 때 가장 받아들이기 어려운 것이 변화예요. 앞 장에서 카리부와 왕나비의 어마어마한 여행을 보고 여럿이 어떻게 힘을 얻었는지를 배웠어요. 하지만 환경이나 기후처럼 커다란 변화에 적응하는 동물에 대해서는 아직 얘기하지 않았어요. 이건 정말 중요한 이야기예요. 여러분의 인생은 피할 수 없는 변화로 가득하기 때문이죠. 전학을 가거나 이사를 하거나 다른 나라로 이민을 갈 수도 있어요. 가족이 늘거나 줄어들 수도 있죠. 여러분이라면 이런 변화에 어떻게 대처할 건가요? 적응할 건가요? 아니면 저항할 건가요?

여우는 늘 변화를 받아들일 준비가 되어 있어요.

예전의 붉은여우는 시골에서만 살았어요. 하늘하늘한 풀이 자라는 그곳에 만족했고, 닭과 작은 먹잇감을 쫓아다니며 행복하게 지냈어요. 하지만 인간들이 그 땅에 건물을 짓기 시작한 후로, 여우들은 영국의 도시 곳곳에 살게 되었어요. 런던을 점령했죠! 최근 통계에 의하면, 런던에만 약 10,000마리의 여우가 살고 있다고 해요. 이 도시 여우는 울타리를 넘고, 쓰레기통을 뒤지고, 정원 담장에 올라가 먹을 수 있는 것을 모조리 찾아내 해치우는 법을 배웠어요. '오, 달걀 샌드위치 반쪽이다! 좋았어!'

로미오라는 별명을 가진, 적응력이 뛰어난 여우 한 마리는 영국에서 가장 높은 빌딩 '더 샤드'의 72층에서 살았어요. 공사 중에 계단을 타고 올라간 로미오는 일꾼들이 먹다 남긴 음식을 몰래 훔쳐 먹을 정도로 엉큼했어요. 덕분에 한동안 도시의 멋진 경치를 누릴 수 있었죠! 결국 일꾼에게 발견되어 밖으로 내보내졌지만, 로미오는 여우가 어떤 장소, 어떤 변화에도 살아남을 수 있다는 사실을 보여 줬어요.

기억하세요. 여러분은 여우와 아주 닮았어요.

어디서든 살아남을 수 있는 똑똑한 생존자죠.

낯선 환경에 떨어지더라도, 꿋꿋이 버텨 살아남을 방법을 찾아내요. 그러니 변화가 찾아오면, 어떻게 성장의 발판으로 삼을지 생각해 보세요. 여러분이 얼마나 강한지를 보여 줄 기회거든요. 물론 그 방법이 100퍼센트 성공할 거란 보장은 없어요. 하지만 또 모르죠. 여우처럼 새로운 곳에서 새로운 햇볕을 쬐는 자신을 발견하게 될지!

다시, 또다시 일어나요.

여우처럼 적응하는 방법을 터득했다면, 그다음에는 다시 일어나 시작하는 법을 배워야 해요. 일어나서 다시 시작하기를 반복하는 거죠. 최근에 '더는 못하겠어.' 또는 '그만둘래!'와 같은 말을 한 적이 있다면, 이유가 무엇인가요? 어려운 영어 문장이나, 골치 아픈 수학 문제 때문이었을까요? 아니면, 열심히 축구 경기를 뛰었는데 드리블이 꼬였을 수도 있죠. 그러면 정말 포기하고 싶어져요.

여러분이 말이었다면, 안장을 내던지고 싶었을 거예요.

뉴욕 북부에서 태어난 경주마 지피 치피를 소개할게요. 지피 치피의 증조할아버지인 '세크리테리엇'이나 사촌인 '맨 오 워'처럼, 뛰어난 실력의 경주마가 빠른 속도로 달릴 때 사람들은 환호를 보내요. 이 말들은 구부러진 트랙을 따라 쏜살같이 달렸어요!

하지만 지피 치피는 좀 특이한 이유로 유명해요.

경주 역사상 가장 많은 꼴지를 기록한 말이었거든요.

지피 치피는 경주에서 한 번도 이겨 본 적이 없어요. 맞아요. 한 번도요! 0승! 한 번은 TV에서 생방송으로 중계된 경주에서 사람이 지피 치피를 이긴 적도 있어요. 사람이, 두 발로 말을 이겼다는 게 말이 되나요? 지피 치피는 경주가 시작된 지 수분이 지났는데도, 출발선에 멀뚱멀뚱 서 있었어요. '맞다, 지금 경주 중이지? 나도 출발해야겠다.'라고 깨닫기까지 한참이 걸렸어요. 어쩔 땐, 경주는 뒷전이고 몰래 감자칩을 먹거나 코치를 물고 늘어졌지요. 지피 치피는 은퇴할 때쯤, '100전 100패'라는 놀라운 기록을 세웠어요.

하지만 지피 치피는 바람에 갈기를 휘날리며 달리는 것을 좋아했어요.

훈련사가 말하길, 지피 치피는 트랙을 정말 좋아해서 항상 경주에 나갈 준비가 되어 있었대요. 몇 번을 진다 해도, 몇 번을 다시 시작해야 한다 해도 말이에요. 지피 치피는 오직 앞으로만 달렸어요. **가끔 옆으로 한눈을 팔긴 했지만요.**

인내심 대회에서 지피 치피에게 1등을 기대하는 건 어렵겠지만, 다람쥐는 해볼 만해요!

**다람쥐들은 실패하더라도
꿋꿋이 방법을 찾아내요.**

북아메리카의 뒤뜰만 봐도 알 수 있어요. 다람쥐가 새 모이통을 덮치려고 참을성 있게 기다리고 있거든요. 다람쥐는 울타리 위에서 얼마나 뛰어야 할지 계산한 다음, 씨앗을 잡기 위해 몸을 휙 날려요. 이런, 간발의 차로 놓쳤네요. 하지만 걱정 마세요. 다람쥐는 고양이처럼 높은 곳에서 뛰어내려도, 항상 네 발로 안전히 착지할 수 있어요. 다람쥐는 재밌는 결정을 해요. 설치류계의 체조 선수답게, 매끈하고 긴 막대기에 매달려 좌우로 흔들어 보기로 해요. 몇 번 실패하더라도 계속해서 시도할 거예요. 호두를 먹을 수만 있다면 어떤 어려움도 이겨 낼 수 있어요! 다람쥐는 호두를 아주 사랑하거든요.

2020년에 나사(NASA)에서 일했던 엔지니어가 정원에 다람쥐용 장애물 코스를 만든 후 영상을 찍어 유튜브에 올렸어요. 목적이 뭐냐고요? 다람쥐와의 대결이었죠! 다람쥐들로부터 새 모이를 지키는 거예요. 미로와 흔들다리, 멀리뛰기 코스를 모두 통과한다는 건 거의 불가능해 보였어요. 그런데 똑똑한 다람쥐들은 장애물을 통과하기 위해 계속 노력했어요.

다람쥐는 양쪽 볼에 호두를 넣어 두듯, 실패할 때마다 얻은 정보를 차곡차곡 머릿속에 쌓아 뒀어요. 일주일 동안 끊임없이 실패하고 노력한 끝에, 결국 **성공했어요! 으하하!**

세상에서 가장 달콤한 승리였죠.

이번엔 캘리포니아주 버클리로 여행을 떠나 볼까요? 2016년에 버클리에서는 야생 여우다람쥐 스물두 마리를 연구했어요. 연구원들은 여우다람쥐에게 다람쥐가 들어갈 만한 작은 상자를 열도록 훈련시켰어요. 상자 안에는 맛있는 간식을 넣어 두었죠. 다람쥐는 '이 정도쯤이야!'라고 생각했을 거예요. '새 모이통도 아니잖아! 발가락으로 매달릴 필요도 없겠네!' 얼마 후, 연구원들은 상자 안에 호두를 더 이상 넣지 않았어요. 다람쥐는 화가 나서 길길이 날뛰었어요! '내 호두가 어디 갔지? 이게 대체 무슨 짓이야?' 당황한 다람쥐는 호두를 찾기 위해 다른 방법을 썼어요. 상자를 뒤집어 보고, 두드려 보기도 하며, 찍찍 소리를 냈죠.

이런 시도는 정말 중요해요.

호두를 얻는 데 실패하자, 두뇌 회전이 빠른 다람쥐들은 곧바로 다른 방법을 찾기 시작했어요. '이렇게 해 보면 어떨까? 아니면 저렇게 해 볼까?' 고민하며 새로운 방법으로 접근했죠! 경주에서 꼴찌만 하는 말이 언제나 즐겁게 달릴 수 있다면, 먹이를 얻는 데 실패한 다람쥐가 끊임없이 새로운 방법을 시도한다면, 여러분도 다시 일어날 수 있어요.

이기고 지는 건 중요하지 않아요. 도전하는 나의 의지가 중요하죠.

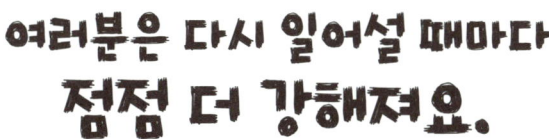

힘든 일은 지나갈 거예요.

그런데 정말 최악의 상황이 들이닥치면 어떡하죠? 다시 일어날 힘이 없다면 어떻게 될까요? 그때의 막막한 기분을 이해해요. 부끄러운 감정이 전혀 아니에요. 내가 전혀 손쓸 수 없는 일도 분명 벌어지거든요.

하지만 빗물 배수구에 머리가 꽉 끼더라도,
깊은 구덩이에 떨어져 진흙투성이가 되더라도 희망은 있어요.

라쿤을
구해 줘!

우리는 앞에서 이미 쓰레기 판다를 만났어요! 하지만 다시 소개할게요. 2019년 매사추세츠주, 호기심 많은 어린 라쿤 한 마리가 네모난 배수구에 머리를 쑥 넣었어요. 그런데 머리가 꽉 끼고 말았죠. 라쿤은 벗어나기 위해 온 힘을 다해 꿈틀거리며, 철로 된 배수구를 발톱으로 박박 긁었어요. '나 좀 꺼내 줘!' 낑낑거리는 소리를 들은 사람들은 비누를 가져와 라쿤에게 문질렀지만 소용이 없었어요. 아주 단단히 걸려 있었죠. 라쿤은 두 시간이 넘도록 배수구에 끼인 채 기다렸어요. 열 명의 구조 대원이 몰려와 진정제 한 알을 먹인 후, 구조 작업을 펼친 끝에 라쿤은 자유의 몸이 되었죠!

1년 전, 캘리포니아주에서도 두 마리의 스컹크가 구덩이에 빠지는 일이 벌어졌어요. 한밤중 공사 현장에 들어온 스컹크들은 구덩이에 빠져 몇 미터 아래 바닥으로 데굴데굴 굴러떨어졌어요. 배며 발이며 온몸이 진흙으로 더럽혀졌죠. 머릿속에 그려지듯이, 스컹크에게는 아주 괴로운 시간이었을 거예요. 아침이 오자, 켁켁거리는 동물의 숨소리를 듣고 누군가 구조대를 불렀어요. 한 마리는 구멍에서 꺼내 주자 곧바로 기운을 차렸어요. 다른 한 마리는 꼬리뼈가 부러지고 추위에 떨었던 탓에 회복하기까지 꽤 오랜 시간이 걸렸지만 이겨 냈어요! 바로 다음 날, 활기찬 모습을 되찾았지요.

스컹크를 구해 줘!

누구든 한 번쯤은 구덩이에 떨어지는 경험을 하게 돼요. 빠져나갈 수 있는 희망이 조금도 보이지 않고, 몸은 온통 진흙투성이가 된 순간이요. 그 모든 순간이 빠르게 흘러가지만은 않을 거예요. 아예 고여 있을 때도 있고요. 그러나 이런 경험들은 때때로 우리 삶에 뼈와 살이 되고, 우리는 여우처럼 적응하는 방법을 찾게 될 거예요.

하지만 기억하세요.
나쁜 순간도 결국엔 지나간다는 것을.

배수구에 머리가 끼었을 땐 몇 시간만 기다리면 빠져나올 수 있어요. 추운 겨울, 굴에서 벌벌 떨고 있을 때도 봄은 부지런히 다가오고 있죠.

모든 감정을 느껴 봐요.

날이 좋든 나쁘든 감정을 느껴 보세요. 있는 그대로, 온전히 느껴 보는 거예요. '야호! 이번 주말에 고양이를 데려오게 돼서 기분이 너무 좋아!' 이렇게 행복한 감정을 느끼는 건 좋지만, 폭풍이 몰아칠 땐 어떨까요? 슬픔을 그저 받아들이나요? 아니면 조개처럼 입을 꽉 다물고 모든 것을 차단하는 편이 더 편한가요?

➡ 여기 범고래가 끼어들고 싶어 하네요.

'킬러 고래'란 별명으로도 유명한 범고래는 타고난 수다쟁이라 별로 놀랍지도 않네요! 여기서 쌕쌕 휘파람을 불고, 저기서 쿵쿵 맥박 소리를 내죠. 범고래는 가끔 숨구멍으로 공기를 밀어내서 물거품을 만들기도 해요. 감정을 아주 크게 표현하며 슬픔을 숨기지 않아요. 오히려 온 바다가 다 알게 드러내죠.

2018년 '탈리콰'라는 이름의 범고래를 통해, 과학자들은 고래가 얼마나 깊은 감정을 느끼는지 알게 됐어요. 탈리콰는 워싱턴주 시애틀 외곽의 바다에서 17일 동안 죽은 새끼를 붙들고 있었어요. 탈리콰는 슬픔을 숨기지 않았죠. 고래만의 언어를 쓸지언정, '난 괜찮아.'라고 말하지 않았어요.

탈리콰는 모든 감정을 받아들였어요.

범고래만 슬픔에 빠지는 건 아니에요. 기린은 다리를 벌려 죽은 기린에게 머리를 갖다 대요. 코끼리는 귀를 축 늘어뜨린 채 나뭇가지를 모아 죽은 코끼리의 몸에 덮어 주며 밤새 곁을 지키죠. 북극곰 구스는 센트럴파크 동물원에서 같이 지내던 짝이 죽자, 물가로 데려가 물속을 맴돌며 슬퍼했어요. 구스를 돌려보내기 위해 사육사가 장난감을 건네 봤지만 거들떠보지도 않았죠. 이런 동물들의 행동을 통해 무엇을 배울 수 있을까요? 우리는 슬픔이나 분노 또는 배신감을 표현하면 안 된다고 생각하지만,

**회복하는 데 있어서 가장 중요한 것은
나와 내가 느끼는 감정에
솔직해지는 거예요.**

자신의 감정을 숨기려고 하지 마세요. 억누를 필요도 없어요. 범고래처럼, 코끼리처럼, 기린처럼 슬픔을 표현하는 것이 건강한 방법이에요. 꼭꼭 숨기기만 한다면, 여러분의 아픔을 누가 알아줄까요? 도움을 줄 수도 없을 거예요. 나를 무겁게 짓누르는 감정을 품고, 어떻게 수영을 할 수 있겠냐는 말이에요. 힘든 감정을 온전히 느끼고 소화해야만 더 강해질 수 있어요.

도움을 요청해요.

용감해지고 싶을 때 무리에 기대라고 앞에서 이야기했던 걸 기억하나요? 그때와 마찬가지로 동물들은 기운을 차리기 위해 친구나 가족 또는 동료에게 '도와줘!'라고 말하곤 해요.

그래도 되냐고요? 당연하죠! 도움을 요청하는 건 내가 약하다는 뜻이 아니에요. 오히려 정반대죠. 이 일은 혼자서 해낼 수 없다는 걸, 내가 알고 있다는 표현이에요. 지혜로운 판단이죠. 구덩이에 빠진 스컹크처럼 여러분도 어딘가에 갇히거나, 범고래처럼 슬픔에 빠질 수 있어요. 아니면 운이 좀 나쁠 수도 있죠. 여기 너무 배가 고픈 흡혈박쥐처럼요.

맞아요! '도움'과 '흡혈'이란 말은 잘 어울리지 않아요. 하지만 들어 보세요! 흡혈박쥐는 먹이로부터 아주 최소한의 피만 빨아 먹어요. 누구에게도 해를 끼치지 않아요. 암컷끼리는 특히나 사이가 끈끈해요. 흡혈박쥐는 이틀만 굶어도 죽을 수 있다는 사실, 알고 있나요? 이틀이라니, 너무 짧지 않나요? 매일 밤 먹이를 찾아내는 일이 결코 쉽지 않을텐데 말이죠.

하지만 걱정할 필요 없어요! 다른 암컷이 대신 먹이를 찾아 줄 테니까요.

흡혈박쥐는 "너무 배고파, 도움이 필요해."라고 말하기만 하면 돼요. 그러면 짠! 하고 먹이가 생겨요. 한 친구가 저녁거리를 토해서 좀 나눠 줄 테니까요. 조금 역겹다고요? 하지만 그들 사이에선 상당히 친절한 행동이에요. 흡혈박쥐들은 항상 이렇게 먹이를 나누거든요. 연구에 의하면, 흡혈박쥐는 이런 식으로 도움을 주고받으며 공동체를 만든다고 해요. 굶주렸던 밤, 누가 나에게 먹이를 줬는지 기억하고 있어요. "친구야, 나는 널 믿어. 너도 날 믿지? 배가 고플 땐 내가 있는 동굴로 와." 하며 소통해요.

여러분은 강하지만,
손을 뻗는다면 훨씬 더 강해질 거예요.
천하무적이 될 수 있죠.

도움의 손길이나 발짓 혹은 날갯짓을 요청한다면 말이에요.

걱정하지 마세요.
이 친구들은 사람을 물지 않아요.

다시 회복할 수 있어요.

불사조라고 들어 본 적이 있나요? 불사조는 어마어마한 날개를 가진 붉은 새예요. 불에 타 재가 되어도, 잿더미에서 부활해 훨훨 날아갈 수 있죠. 불사조는 상상 속 새예요. 이집트 신화나 그리스 신화에서 전해져 내려왔어요. 하지만 불사조처럼, 커다란 경험을 계기로 새로운 삶을 살아가는 동물들이 있어요. 이전보다 훨씬 강한 모습으로 회복해 낸 생존 신화의 주인공들이죠.

불개미 군단

미국에 허리케인이 불어닥쳤어요. 마을이 통째로 잠기고 풀과 나무는 휩쓸려 가는 바람에 남아 있는 건 물밖에 없었어요. 그때 이 작은 곤충들은 똘똘 뭉쳐 살아남았죠. 손을 꼭 잡은 해달처럼, 서로 다리를 연결해서 하나의 거대한 뗏목을 만들었어요. 무려 10,000마리에 달하는 불개미 군단이었어요. 불개미의 몸에선 끈적끈적한 액체가 나와요. 그 덕분에 서로 꼭 붙은 채 물에 떠 있을 수 있었죠. 그리고 역할을 분담해요. "넌 아래쪽을 맡아! 이제 내가 위로 갈게! 지금이야!" 이렇게 함께 비바람을 이겨 내며 물 위를 둥둥 떠다녔어요. 불어난 물이 서서히 빠진 후, 무사히 일상으로 돌아갔죠.

루이지애나 흑곰

1992년, 미국의 어류 및 야생 동물 보호국은 루이지애나 흑곰이 '멸종 위기 동물'이라고 발표했어요. 멸종 위기에 처한 많은 동물은 대부분 그 위기에서 벗어나지 못했어요. 다행히 루이지애나 흑곰은 훌륭한 사냥꾼이었어요. 도토리, 호두, 딱정벌레와 같은 먹이를 찾아내 배를 불렸죠. 다양한 환경에도 잘 적응할 수 있었어요. 심지어 천적이 있는 곳에서도 살아남았어요.

루이지애나 흑곰은 위험에 처하면 짧고 튼튼한 다리로 후다닥 달아났고, 거대한 발톱으로 먹잇감을 사냥했어요. 서식지를 다시 만드는 데 인간의 도움을 받긴 했지만, 개체 수를 두 배로 늘리면서 번식한 것만으로도 칭찬받을 자격이 있어요.

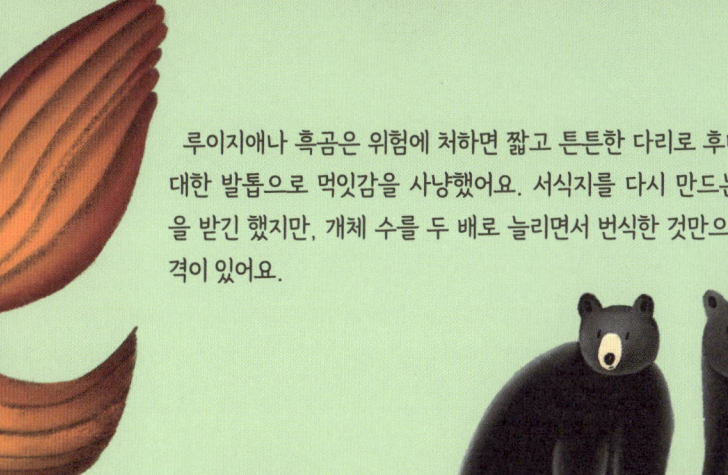

호프를 위하여!

천산갑이란 동물을 만난 적이 없다면, 비늘로 덮인 개미핥기를 떠올려 보세요. 지금 바로 만나 볼까요? 이 동물의 이름은 호프예요. 2020년 태국의 한 마을, 길가에서 발견됐어요. 태어난 지 한 달밖에 되지 않은 천산갑은 영양실조 상태였죠. 하지만 호프는 포기하지 않았어요. 겨우 힘을 내서 개미 알 몇 개를 먹었어요. 조금 더, 조금 더 힘을 내야 했어요. 호프는 '계속 먹어, 자신을 되돌아봐, 포기하지 마!'라고 외치는 마음의 소리를 들었어요. 얼마 후 호프는 기운을 되찾았어요.

우리는 다시, 또다시
회복할 수 있어요.

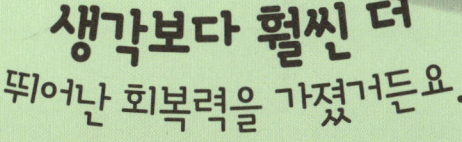
생각보다 훨씬 더
뛰어난 회복력을 가졌거든요.

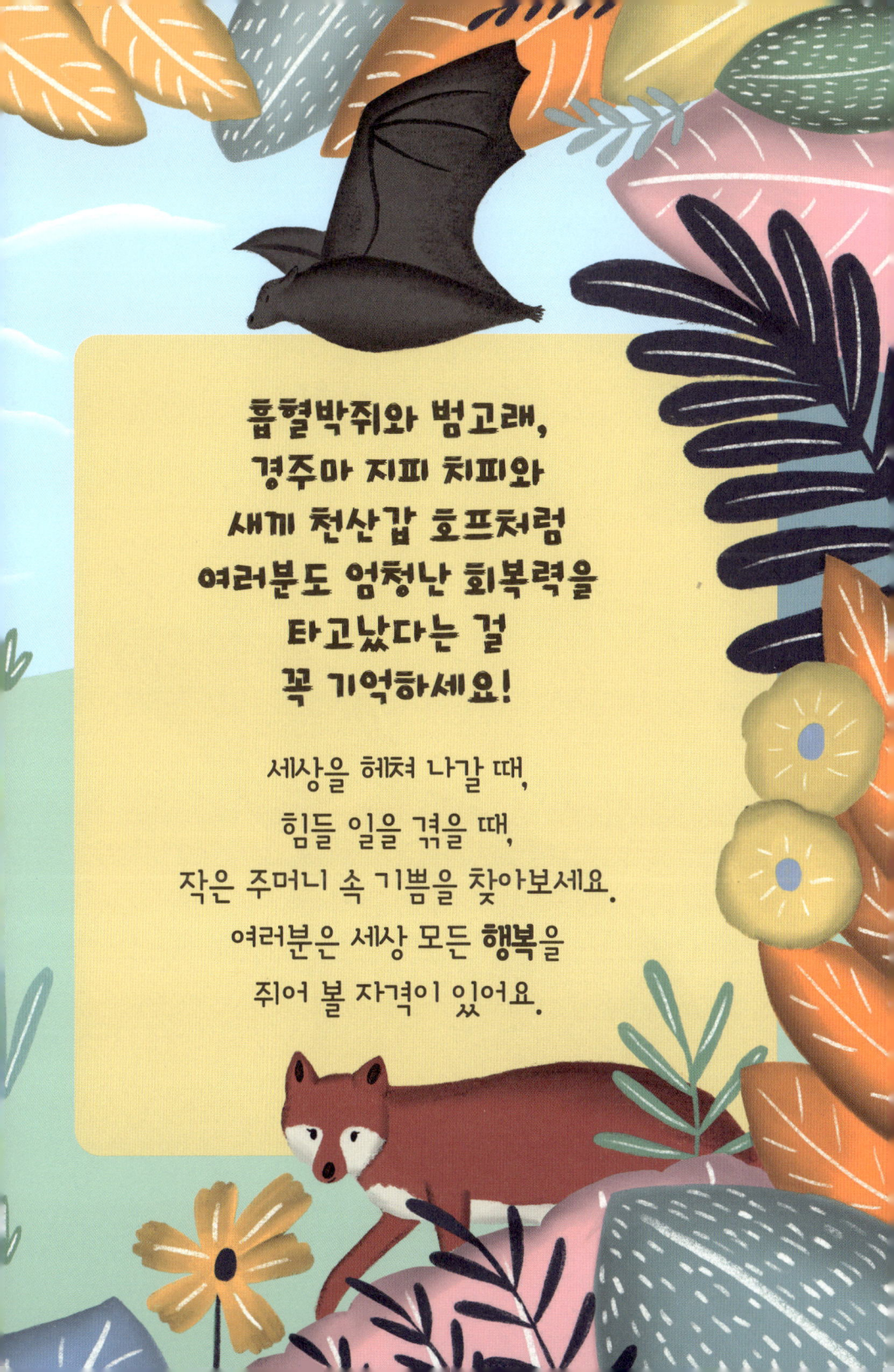

흡혈박쥐와 범고래,
경주마 지피 치피와
새끼 천산갑 호프처럼
여러분도 엄청난 회복력을
타고났다는 걸
꼭 기억하세요!

세상을 헤쳐 나갈 때,
힘든 일을 겪을 때,
작은 주머니 속 기쁨을 찾아보세요.
여러분은 세상 모든 **행복**을
쥐어 볼 자격이 있어요.

미국의 어느 땅 한가운데 젖소가 있어요. 헛간에서 나온 젖소는 두 가지 길 중 하나를 선택할 수 있었죠. 그늘이 진 어두운 길과 햇볕이 드리운 밝은 길 중에서요. 젖소가 어떤 길을 선택했을지 짐작이 가나요?

밝은 길이죠!
항상 밝은 길을 택해요.

우리 인간처럼 많은 동물들도 본능적으로 밝은 쪽에 끌려요. 나른한 느낌과 따스한 기운 그리고 즐거움을 찾곤 하죠.

하지만 유난히 행복하지 않은 어떤 날도 있어요. 그 어떤 날이 꽤나 자주 찾아오기도 해요. 다른 사람들은 잘만 행복을 찾아내는 것 같은데 말이에요.

사람마다 느끼는 행복의 크기는 다 달라요! 주변 환경의 영향을 받기도 하거든요. 만약 여러분이 바꿀 수 없는 일 때문에 우울하다면, 충분히 이해할 수 있어요.

하지만 여기 좋은 소식이 있어요! 많은 연구에 따르면 **즐거운 삶을 살기 위한 가장 좋은 방법은 그냥 나답게 사는 거예요.** 여러분이 엄청나게 소중한 사람이라고 했던 거, 기억하나요? 잊지 말고 계속 기억하세요! **여러분은 개성 넘치고, 다정하며, 특별한 우정을 맺을 자격이 있는 사람**이에요. 여러분에게 행복을 주는 사람과 장소, 활동을 찾고 그것을 꼭 붙잡으세요. 1장에서 침팬지 콩고가 붓을 꼭 쥐었던 것처럼요.

이번 장에서는 즐거움을 찾는 더 많은 방법에 대해 이야기할 거예요. 귀신같이 냄새를 잘 맡는 강아지부터 배불뚝이 돼지와 판다에 이르기까지. 공을 쫓아 달려가는 골든리트리버처럼 행복 속으로 풍덩! 뛰어들 거예요. 그리고 세상을 조금 더 환하게 만들 수 있는 방법을 생각해 보아요.

**작은 기쁨도 큰 기쁨만큼 감사히 여기고
자신을 소중하게 돌보며
스쳐 가는 모든 순간을 즐기는 거예요.**

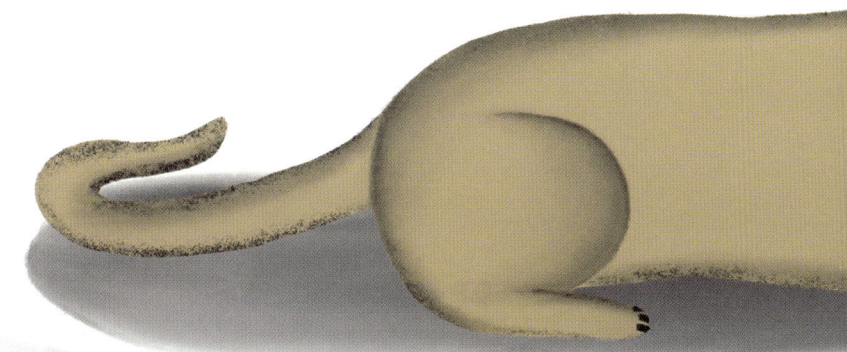

이 순간에 머물러 보세요.

세상은 놀라움으로 가득해요. 강아지한테 한번 물어보세요! 강아지는 간식이 보이면 엉덩이를 씰룩씰룩 신나게 흔들어요. 주인이 학교에 갔다 집에 오면, 팽이 돌리듯이 꼬리를 획획 돌리고요. 너무 빨라서 눈에 보이지 않을 정도죠. 강아지들의 행복 비결은 무엇일까요? 어떻게 하면 우리는 팔랑팔랑 꼬리를 흔드는 강아지처럼 행복할 수 있을까요?

답은 여기에 있어요.

**강아지들은 현재를 즐겨요.
그리고 이 장소, 이 순간에 집중해요.
과거를 후회하거나 미래를 걱정하지 않고
그냥 지금을 살아요.**

대부분의 사람들은 이걸 아주 어려워해요! '내가 없어도 다들 재밌을까?'와 같은 생각을 일주일에 몇 번이나 하나요? 마당에서 즐겁게 자전거를 타다가도, 문득 떠오르는 초조한 생각에 몇 번이나 멈춰 선 적이 있나요? 예를 들어 '월요일에 중요한 수학 시험이 있는데 어떡하지?', '다음 주 급식 시간에 누가 내 옆에 앉을까?'와 같은 생각들 때문에 말이에요.

우리도 강아지처럼 이 순간을 즐기며 살 수 있다면 얼마나 좋을까요? 더 마음을 놓고, 더 자유롭게 웃으며, 세상을 바라볼 수 있다면요?

'인간, 넌 할 수 있어!'라고 강아지들은 말할 거예요.
까짓것, 그렇게 해 볼까요?

귀가 펄럭거리는 순간을 느껴요.

달리는 차에서 창문 밖으로 머리를 쏙 내밀고 있는 강아지를 본 적 있나요? 턱을 축 늘어트린 채, 살랑살랑 부는 바람에 귀를 펄럭거리며 즐거워하는 강아지보다 행복한 존재가 있을까요? 간식으로 땅콩버터 쿠키를 오도독 씹어 먹거나, 바닷가에서 갈매기를 쫓아다니는 강아지는 어때요? 그들은 한껏 즐거워하고 있어요! 여러분도 꼭 한번 경험해 보세요. 그 순간에 머무르며 그것들을 진정으로 느껴 보세요.

공, 공, 공에 집중해요.

아주 재미있는 한 가지 놀이에 골똘히 집중해 보는 거예요. 강아지는 늘 그렇게 해요. 코를 킁킁거릴 때도 아주 열정적이죠! 공원에서 강아지를 만난다면, 코를 씰룩대며 맛있는 냄새를 찾아다니는 모습을 관찰해 보세요. 꼬리가 쉴 새 없이 흔들리고 있을 거예요. 강아지가 냄새에 집중했을 때 나오는 버릇이죠. 강아지는 같은 곳에서 15분 동안 냄새를 맡을 수 있어요. '토끼 오줌이네? 내가 나서야지.' '얼룩다람쥐 똥이잖아? 이건 최고야.' 강아지는 냄새가 나는 곳을 발로 파헤쳐요. 헤쳐진 흙은 반원을 그리며 휙휙 날아가죠.

테니스공은 말도 꺼내지 마세요! 진흙 묻은 공, 새로 꺼낸 공, 씹기 좋은 파란 줄무늬 공까지. 강아지는 신나게 귀를 펄럭거리며 모든 테니스공을 쫓아다닐 거예요. 강아지는 공을 잡을 때, 털이 흐트러지는 걸 신경 쓰지 않아요. 과거나 미래에 대해서도 생각하지 않죠. 오로지 공, 공, 공만 바라볼 뿐이에요.

핸드폰은 잠시 치워 두세요.

음, 삑삑 소리가 나는 장난감 핸드폰은 괜찮아요.

요즘 사람들은 핸드폰에 아주 많은 시간을 쏟아요. 'SNS를 볼 때 나는 행복할까?' 또는 '핸드폰 때문에 더 즐거운 일들과 멀어지고 있는 것은 아닐까?'라고 자신에게 물어보세요. 핸드폰에 땅콩버터가 발려 있거나 초인종 소리가 나는 게 아니라면, 그건 강아지한테 그다지 쓸모가 없어요. 여러분이 주머니에서 핸드폰을 꺼낼 때, 강아지는 '아유, 소고기 간식이나 씹기 좋고 소리 나는 장난감이라면 얼마나 좋아!'라고 생각할 수 있어요.

그러니까 핸드폰은 잠시 멀리에 두고, 지금 이 순간을 더 누리는 방법에 대해 생각해 보아요. 예를 들어, 강아지와 공놀이하기처럼요!

가만히 있어 보아요.

현재에 머무르려면 가만히 있는 법을 배워야 해요. 강아지는 이 또한 꽤 잘해요! 부드러운 햇살 아래 세상이 아주 느리게 흘러가는 것 같은 어느 여름날, 풀밭에 누워 있는 강아지를 지켜보세요. 눈을 살포시 감고 있을지도 모르겠네요. 바람에 귀가 살짝 움찔거릴 수도 있어요. 강아지는 햇살에 몸을 맡긴 채, 가만히 누워 있어요.

다음에 시간이 나면, 이 여름날의 강아지처럼 누워 보세요. 좋아하는 강아지를 골라 흉내 내도 돼요! 골든리트리버라든가 잭러셀이나 불도그도 좋아요. 여러분의 마음이 편안하고, 조용히 또 가만히 있을 수 있는 게 가장 중요해요.

때때로 딴생각이 불쑥 끼어들기도 해요.

이를테면 다람쥐 같은 것들이요!

다람쥐가 마음속을 마구 헤집고 돌아다녀요. 한 마리가 아니라 떼로 몰려다닐 때도 있고요. 그런데 말이죠, 굳이 다람쥐를 쫓아다닐 필요는 없어요. 다람쥐를 잡겠다고 나뭇가지를 부러뜨리며 덤불 속으로 들어가지 않아도 괜찮아요. '그래, 저건 다람쥐야. 그냥 달아나도록 내버려 두자.'라고 생각하면 되거든요.

그다음, 코로 크고 깊게 숨을 들이쉬어 보세요.

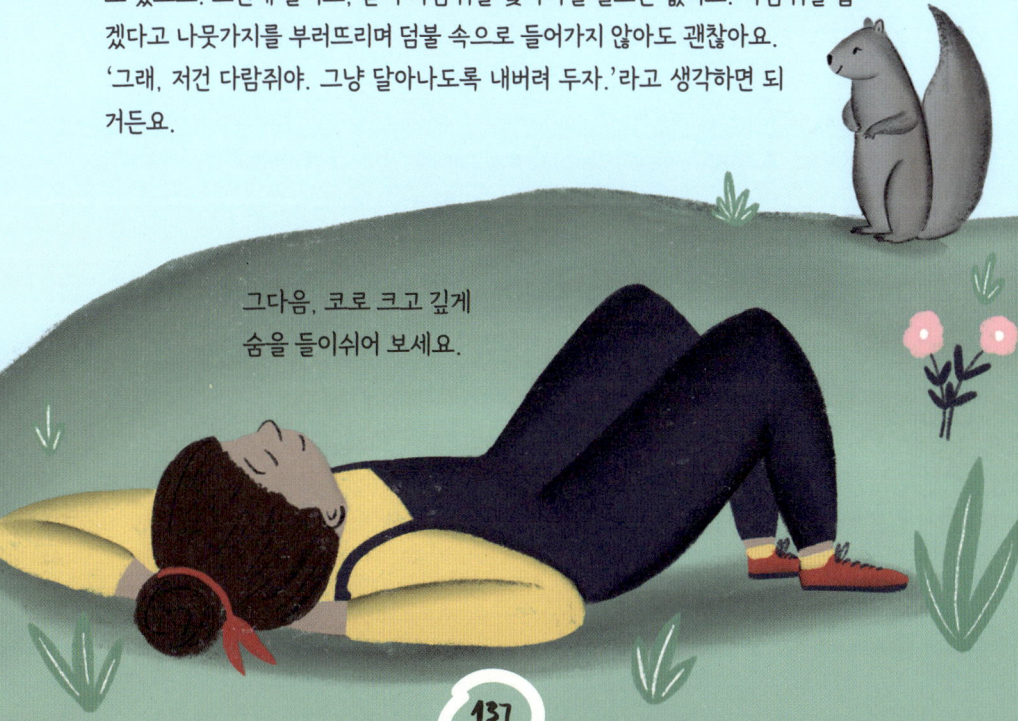

작은 기쁨도 소중해요.

여러분이 강아지처럼 지금을 즐기며 살고 있다면, 작은 일에서 작은 기쁨을 얻는 법도 알게 될 거예요. 흔히 우리는 커다란 기쁨만 중요하다고 생각해요. 예를 들어 동생이 태어나거나 축구 선수권 대회에서 우승하는 것처럼요.

하지만 작은 기쁨도 중요해요.

작은 기쁨은 주변에서 매일 일어나고 있어요. 우리에게 아주 많은 행복을 가져다줄 수 있죠.

여기, 코끼리와 배불뚝이 돼지를 소개할게요.

코끼리는 오랫동안 헤어져 있던 가족을 다시 만나면 **크게 기뻐해요**. "만나서 너무 반가워!"라고 하듯, 귀를 펄럭이고 기다란 코를 높이 치켜올린 채, 서로를 향해 우르르 달려가죠. 뿌우우~ 코로 나팔을 불며 잃어버렸던 친척을 반갑게 맞이해요. 하지만 이런 일이 매일 일어나는 것은 아니에요! 대신 **작은 기쁨들이 있죠**. 코끼리는 진흙탕에 쿵 주저앉아 온몸에 시원한 진흙을 바르는 걸 즐겨요. 맛있는 무화과를 우적우적 씹는 것도, 망고를 으깨 먹는 것도 무척 즐거워요.

코끼리는 과일과 채소를 정말 좋아해요!

강아지처럼 꼬리를 휙휙 흔들며 친구들과 노는 것도 즐겁죠.

배불뚝이 돼지는 새로운 우리가 생기면 크게 **기뻐하기도 해요**. '여기 진짜 멋진데?' 넓고 깨끗한 우리에 짚으로 만든 푹신푹신한 잠자리와 충분한 식사 공간 그리고 함께할 친구들까지 있다면 당연히 좋겠죠. 하지만 매일 만나는 **작은 기쁨도 있어요**. 어떤 돼지는 옆으로 누워 다리를 쭉 뻗은 채로, 배를 살살 문질러 주는 걸 좋아해요. 또 함께 껴안고, 헤엄치고, 얼굴을 맞댄 채 잠들고, 꿈속에서 발을 동동 구르며 노는 것도 아주 좋아하죠.

돼지는 사람만큼 꿈을 많이 꾼다고 해요!

강아지가 꼬리를 흔들 때, 코끼리가 코로 나팔을 불 때처럼 즐거운 순간에 큰 기쁨을 누리세요. 하지만 내 마음을 채워 주는 평범한 일상의 순간도 꼭 기억해야 해요. 무엇이든 작은 기쁨이 될 수 있어요. 따뜻한 코코아를 마시며 '와, 정말 맛있는데?'라고 생각하거나, 포근한 이불을 덮어쓰고 빗소리를 들을 때 편안함을 느끼는 것처럼 우리의 하루하루를 밝혀 주는 소중한 기쁨들이 있어요.

일상의 작은 기쁨을 많이 알수록 우리는 더 행복해져요.

즐겁게
나 자신을 돌봐요!

계속 헤엄치려면 힘이 필요해요. 용기를 얻으려면 노력이 필요하죠. 사실 이 책에서 얘기한 방법들 모두 꽤 많은 힘과 노력이 필요해요! 그래서 스스로를 돌보는 '자기 관리'의 균형을 맞추는 것이 아주 중요하죠. 우리에겐 휴식을 취하며 기운을 다시 차릴 수 있는 시간과 장소가 필요해요. 예를 들어, 한 주 동안 학교생활이 너무 고됐다면, 따듯한 햇살을 받으며 공원에서 뛰놀거나, 잔뜩 피어오른 거품 속에서 천천히 목욕하며 기운을 차려야 해요. 이런 행동들은 내가 나에게 주는 사랑과 관심 그리고 돌봄이에요.

짐작하듯이, 자기 관리는 사람만 하는 게 아니에요!

➡ 동물들도 휴식을 취하며 건강한 힘을 회복해요.

흙 위에 얌전히 누워 있는 캥거루나, 땅바닥에 배를 대고 느긋하게 쉬는 하마를 보세요. 하루에 거의 열여섯 시간을 자는 호랑이도 있어요. 호랑이는 고양이처럼 쿨쿨 자면서 몸과 마음의 기운을 되찾아요. 털 손질도 하고요! 물론 털을 손질하는 것은 동물들이 진화하면서 하게 된 행동이에요. 예를 들어, 해달은 물에 잘 뜨기 위해 털을 깨끗이 손질하고, 까마귀는 하늘을 잘 날기 위해 깃털을 멋지게 손보죠. 하지만 이렇게 털을 손질하면서 휴식을 취하기도 해요. 집에서 키우는 고양이는 긴장을 풀기 위해 배를 자주 핥아요. 영국의 한 연구에서 '바버리마카크'라고 불리는 긴꼬리원숭잇과 바버리원숭이는 친구들이 털 손질을 하는 모습을 보기만 해도 차분해진다고 해요. '마틸다가 등을 깨끗이 손질하더니 한결 진정된 거 같네? 덕분에 내 마음도 편해졌어.'

그리고 노는 것도 쉼이 될 수 있죠.

자신을 잘 챙기려면 **아주 재밌는 시간**을 보내야 해요. 재밌게 놀면 분명 더 행복해질 거예요. 장담해요! 우리는 놀면서 창의력을 발휘하고 스트레스를 풀고 마음을 진정시킬 수 있어요. 여기서부턴 놀기의 달인인 동물들의 페이지예요.

코코와 새끼 고양이들

고릴라 코코는 '뜨겁다.' '부드럽다.' '고양이'와 같은 단어를 손으로 표현할 수 있었어요. 코코는 고양이 인형 말고, 진짜 고양이와 친구가 되고 싶어 했어요. 어느 해 코코의 생일에 사육사가 깜짝 선물로 새끼 고양이 두 마리를 건넸더니, 코코는 엄청나게 기뻐했어요! 고릴라와 고양이가 같이 놀다니! 고양이보다 덩치가 훨씬 컸던 코코는 고양이 한 마리를 조심스럽게 머리 위에 올려 두고, 다른 한 마리에게는 등을 내어 주었어요. 고양이가 코코의 등을 살살 긁었죠. 결국 코코는 두 마리의 새끼 고양이를 기르게 되었어요. 생일뿐만 아니라 원할 때면 언제든, 셋이서 같이 놀 수 있게 되었죠.

눈썰매를 타는 판다

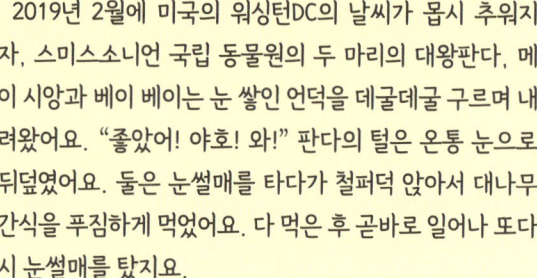

2019년 2월에 미국의 워싱턴DC의 날씨가 몹시 추워지자, 스미스소니언 국립 동물원의 두 마리의 대왕판다, 메이 시앙과 베이 베이는 눈 쌓인 언덕을 데굴데굴 구르며 내려왔어요. "좋았어! 야호! 와!" 판다의 털은 온통 눈으로 뒤덮였어요. 둘은 눈썰매를 타다가 철퍼덕 앉아서 대나무 간식을 푸짐하게 먹었어요. 다 먹은 후 곧바로 일어나 또다시 눈썰매를 탔지요.

판다는 언덕이든 놀이터든 미끄럼 타기를 참 좋아해요. 캐나다 토론토 동물원에 사는 지아 위에위에와 지아 판판도 샛노란 미끄럼틀에서 번갈아 가며 서로 밀어 줬어요. "재밌어? 나는 엄청 재밌어!" 차례대로 바닥에 쿵 떨어지자마자 레슬링을 벌였어요. 즐거운 에너지가 발끝부터 머리끝까지 차올랐지요.

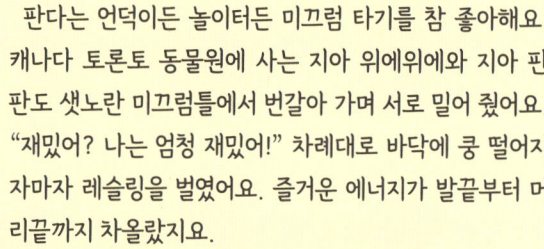

엎치락 뒤치락 미어캣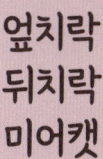

오랫동안 과학자들은 동물들의 몸싸움 놀이가 전투를 준비하기 위한 행동일 거라 생각했어요. 맹수들은 형제와 싸우면서 발톱으로 공격하는 기술을 갈고닦았거든요. 그런데 몸싸움 놀이가 사냥에 그다지 도움이 되지 않는다는 사실이 밝혀졌어요. 미어캣만 봐도 알 수 있어요. 미어캣은 주먹으로 치고 때리고 긁으며 재밌게 실랑이를 벌이곤 해요. 하지만 이렇게 시끌벅적한 장난으로는 사냥 기술이 조금도 나아지지 않았죠. 미어캣은 그냥 놀고 싶으니까 노는 거예요. 마음을 벅차오르게 하거나 뻥 뚫어 주는 뭔가가 있기 때문에, 엎치락뒤치락 놀이를 즐기고 있어요.

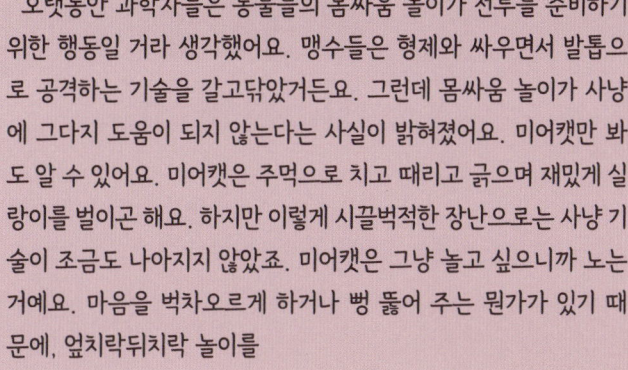

그럼 오늘은 무엇으로 나 자신을 돌볼 수 있을까요? 네, 오늘이요! 여러분은 놀고 싶을 때 뭘 하나요? 도서관에서 재밌는 책을 빌려 와서 오후 내내 소파에 앉아 상상 속 세계로 떠나나요? 아니면 밖으로 나가 수영을 하거나, 그저 가만히 앉아 숨쉬기에만 집중하나요? 친구에게 줄 쿠키를 구워 보는 건 어떨까요? 친절을 베푸는 건 자신을 돌보는 일이기도 해요! 최소한 소나 고양이 또는 코끼리처럼 물을 충분히 마시고, 잠이 올 땐 헛간에 사는 동물처럼 잠자리에 들어요. 그리고 스트레스를 받으면 턱을 풀어 주세요. 야생 동물들은 자신의 몸이 무엇을 필요로 하는지 세심하게 살펴요. 재미를 찾는 것도 이들 삶의 필수 요소지요!

자연과 함께 시간을 보내요.

자, 이번 장에서는 모든 내용을 다 정리해 볼까요? 작은 것에서 행복을 찾고, 순간을 즐기면서, 자신을 돌보며 즐거움을 찾는 가장 좋은 방법은 자연과 함께 시간을 보내는 거예요. 그래서 고대 그리스 의사, 히포크라테스는 '자연은 최고의 의사'라고 말했어요.

자연은 아픈 곳을 낫게 해요.
마음을 진정시키고
우리가 아주 멋지고 놀라운 존재라는
사실을 일깨워 줘요.

여기서 피그미염소 이야기를 해야겠네요.

저 멀리에 장미 덤불이 몇 그루 있고, 피그미염소는 그걸 살펴보기로 했어요. 마른 들판을 발굽으로 쿵쿵 밟으며 가로지른 후, 입에 꽃을 한 다발 물고 우적우적 씹어 먹었죠. '가시가 좀 있지만, 나쁘지 않아! 자, 다음엔 어디로 갈까?' 피그미염소는 들판을 돌아다니며 눈에 보이는 풍경과 소리와 냄새를 실컷 즐겨요. 피그미염소는 농장에서 악명 높은 탈출가예요. 울타리 밑이나 헛간의 아주 좁은 문틈으로 몸을 밀어 넣어 빠져나가거든요. 새로운 들판과 숲, 멋진 장미처럼 최대한 많은 자연과 접하고 싶어서 그런 것일지도 몰라요.

그런데 햇빛에 대해 말했던가요?

피그미염소는 비가 오면 기운이 없어요. 털이 눅눅해지는 걸 싫어하죠. 하지만 햇빛이 쨍 비치면 기운을 되찾아요. 그건 귀를 보면 단박에 알 수 있어요. 피그미염소는 기분이 좋을 때 귀를 앞으로 쭉 내밀거든요!

기분이 가라앉을 때마다
행복이 좀 더 필요할 때마다
귀를 앞으로 쭉 내밀게 하는 무언가를 떠올려 보세요.

피그미염소처럼 자연과 함께 보내는 시간을 상상해 보세요. 나무가 많은 공원이 근처에 있나요? 혹은 산책할 만한 길이 있나요? 피그미염소는 여러분에게 그곳에 한번 가 보라고 권할 거예요! 장미 덤불도 먹어 보라고 하겠지만, 그 말은 못 들은 척하세요! 그곳에서 새로운 냄새와 새로운 풍경을 깊게 감상하세요. 피부에 닿는 햇빛을 즐기면서 놀라운 자연을 찬찬히 둘러보세요.

자연에서 시간을 보내는 건 **자신을 위한** 시간을 갖는 것이기도 해요.

항상 행복할 필요는 없어요!
감정은 하루에 수십 번도 바뀔 수 있으니까요.
그렇지만 우리 앞에 **밝은 나날이**
펼쳐져 있을 거라는 걸 잊지 마세요.

발자국이 이끄는 곳

이제 알겠나요? 동물의 말을 알아듣기 위해 동화 속 주인공이 될 필요는 없어요. 여러분의 집 근처 작은 자연에서도 동물들이 하는 말을 들을 수 있거든요.

동물들은 삶으로 말하고 있어요. 그들이 살아가는 방식을 통해 우리는 깨달음을 얻을 수 있죠.

이 책을 시작할 때, 모래에 찍힌 발자국을 따라가 보라고 했던 걸 기억하나요? 발자국의 도착지가 바로 여기예요.

여러분에게

여러분은 오리너구리처럼 독특하고, 고슴도치처럼 용감하고, 웜뱃처럼 친절해요. 여러분은 지피 치피처럼 금세 회복하고, 크리스티안처럼 자신감 넘치고, 콩고처럼 창의력이 샘솟아요. 이 책을 읽는 동안에 마음속 동물이 하는 말을 들었을지도 몰라요. 오래 들을수록 더 크게 울리는 동물의 외침을요. 여러분은 다정하면서도 지혜롭고, 흉내 낼 수 없는 개성을 가졌어요.

여러분에게 필요한 것은
이미 여러분 안에 다 있어요!

그러니까 이 말을 믿고 앞으로 나아가세요. 여러분은 이 책에 나오는 놀라운 동물들과 닮았다는 걸 기억하세요. 우리는 걷고 날며, 쑥쑥 자라날 거예요.

이제 이 책의 마지막 동물을
만나 볼 차례예요.

호기심에 찬 침팬지가 주먹 쥔 손을 바닥에 끌며 방으로 들어가요. 그러곤 갑자기 걸음을 딱 멈추죠. 앞을 가로막고 있는 거울 때문이었어요. 침팬지가 고개를 갸웃거려요. 겁을 먹었는지 등에 난 털이 쭈뼛 솟아 있어요. '저 침팬지는 누구지? 위험한가?' 고민하지만 잠시 후, 거울 속 웃는 얼굴을 보고 무언가를 알아차린 듯 두 눈을 반짝거려요. '저건 바로 나잖아!' 침팬지는 깡충깡충 뛰어다니며 춤을 추기 시작해요.

몇 년 전까지만 해도 과학자들은 오직 인간만 거울 속에 비친 자신을 알아볼 수 있다고 생각했어요. 하지만 틀렸죠! 돌고래, 코끼리, 침팬지와 같은 다른 동물들도 거울에 비친 자기 모습을 알아볼 수 있다는 사실이 밝혀졌어요. '와, 저기 내가 있네!' 놀람과 동시에 반가웠을 거예요.

여러분도 그럴 수 있어요.
내가 그저 '나'라는 사실에
기뻐할 수 있어요!

거울을 보며 "음, 쟤가 나네." 하고 심드렁한 표정을 짓는 대신, 이렇게 말해 보아요. "와, 저기 내가 있네! 저기 있는 나는 멋진 아이디어가 넘치고 다정해. 그리고 무엇보다 아주 용기 있지. 난 오리너구리만큼 독특해! 라쿤만큼 호기심이 많아! 카피바라만큼 솔직하지!"

그게 바로
가장 나다운 모습이에요.
꼬리를 흔들고
폴짝폴짝 뛰고
사자처럼 자신감 넘치는
진짜 내 모습이요.

두려워하지 말고
으르렁!
외쳐 보아요!

작가의 말

많은 아이디어가 그렇듯, 반려견 대니와 산책하면서 이 책을 써야겠다는 생각이 딱 들었어요. 영리하고, 마음이 넓고, 친절한 대니가 훌륭한 조언을 줄 수 있겠다는 생각이 번뜩 떠올랐죠. '늑대와 같은 다른 동물들은 어떻게 행동할까? 코끼리라면? 어떻게 우리를 이끌어 줄까? 어떤 교훈을 줄까?' 등을 생각했어요.

그래서 찾아보기 시작했어요. 자료 조사는 제가 어떤 일을 할 때 가장 좋아하는 부분이기도 하지만, 이번에는 더 특별했어요. 동물에 관한 이야기를 자세히 찾아보며 하루하루를 보냈죠. 내셔널지오그래픽과 스미스소니언 잡지에 실린 기사, 과학 연구 논문, 샌디에이고 동물원의 블로그에 올라온 사랑스러운 게시글을 샅샅이 조사했어요. 확신이 없어 머뭇거릴 때, 이 이야기들을 통해 희망을 얻었고 격려와 위로를 받았어요. 여러분도 이 같은 경험을 해 보길 진심으로 바라요.

여러분이 동물에 관한 책을 꾸준히 읽어 봤으면 좋겠어요. 왜냐면 동물들은 정말 놀랍거든요. 그렇지 않나요? 사실 조사하면서 동물에 관한 놀라운 사실을 많이 알게 됐는데, 이 책에 다 실을 수가 없었어요. 제가 좋아하는 몇 가지 이야기만 소개해 볼게요.

➡ 지금은 멸종한 도도새는 사실, 비둘기와 가족이었대요!

➡ 영어권에선 여우원숭이 무리를 '음모'라고 부른대요. '음모를 꾸미다.' 할 때 그 음모요.

➡ 오리너구리의 입 안을 들여다보면 뭔가 없어 허전해요. 바로 이빨이 없죠. 하지만 걱정하지 마세요. 오리너구리는 다 방법이 있어요. 돌멩이를 이용하거든요! 이 영리한 동물은 입 안에 단단하고 뾰족한 돌을 잔뜩 집어넣어서 먹잇감을 잘게 으깰 수 있어요.

➡ 다 자란 늑대는 한 끼 저녁 식사로 10킬로그램의 고기를 먹어 치워요. 심지어 이건 식은 죽 먹기래요.

➡ 두더지는 여러 군데 굴을 파서 식사하는 곳과, 요리하는 곳, 거실을 따로 만들어요.

➡ 웜뱃은 지구에서 유일하게 정육면체 똥을 싸는 동물이에요.

➡ 얼룩말이 힝힝거리는 소리는 행복하다는 뜻이에요. 웃음소리죠!

마지막으로, 동물들이 우리에게 관계를 맺는 법과 세상을 바라보는 통찰력 등 많은 교훈을 주었으니 이를 다시 돌려주는 게 당연하다고 생각해요! 해외에서 동물을 돕고 싶다면, 도그 트러스트[*]와 RSPCA[*]와 세계 자연 기금[*]을 통해 시작해 보세요. 우리나라에선 동물행동권 카라와 유기 동물 입양 플랫폼 포인핸드에 손을 보탤 수 있어요.

이야기를 들어 주셔서 감사합니다. 동물들도 고맙다고 하네요.

- 영국 최대의 개 복지를 위한 자선 단체
- 영국왕립동물학대방지협회이자, 세계 최초의 동물 복지 단체
- 자연 보호를 위해 설립된 세계 최대 규모의 국제 비정부 기구

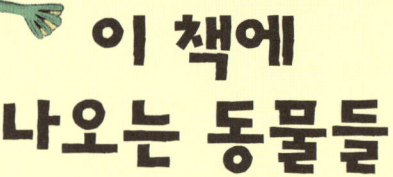

이 책에 나오는 동물들

ㄱ

개 ········ 54-55, 60, 66-67, 85, 100, 134-137
개구리 ································ 42-43
개미 ································· 126
개코원숭이 ····························· 63
거북이 ······························ 86-87
거위 ·································· 95
고래 ·································· 60
고릴라 ································ 141
고슴도치 ·························· 38, 102-103
고양이 ····························· 27, 141
기니피그 ······························ 38
기린 ································· 123
까마귀 ························ 36-38, 84, 140

ㄴ
나무늘보 ·················· 39
나비 ····················· 106
늑대 ···················· 62-63

ㄷ
다람쥐 ·················· 118-119
다람쥐원숭이 ············· 57
당나귀 ·················· 84
돌고래 ············· 61, 66-67, 82-83
돼지 ···················· 139
두더지 ·················· 58-59
들쥐 ···················· 80

ㄹ
라쿤 ···················· 22, 120
루이지애나 흑곰 ·········· 126-127

ㅁ
말 ······················ 116-117
문어 ···················· 44-45
미어캣 ·················· 65, 143

ㅂ
바다거북 ················· 96-97
바버리원숭이 ············· 141
박쥐 ···················· 124-125
벌 ······················ 28-29
범고래 ·················· 122-123
북극곰 ·················· 94-95, 123
불사조 ·················· 126

비둘기 · 16-17
비버 · 48-49

ㅅ
사슴 · 46-47
사자 · 40-41
소 · 98-99
수달 · 26, 140
수리 · 101
스컹크 · 121

ㅇ
악어 · 26
얼룩말 · 64-65
여우 · 114-115
연어 · 27
염소 · 144-145
오랑우탄 · 80
오리 · 85
오리너구리 · 18-19
웜뱃 · 76-77

ㅈ
쥐 ······················· 61, 78-79

ㅊ
천산갑 ····················· 127
침팬지 ················ 24-25, 150

ㅋ
카리부 ··················· 104-105
카피바라 ···················· 56-57
캥거루 ······················ 140
코알라 ···················· 58, 96
코끼리 ············ 61, 81, 123, 138-139

ㅌ
태즈메이니아데블 ················ 39

ㅍ
판다 ························ 142
펭귄 ························ 23

ㅎ
하마 ······················ 86-87
하이에나 ····················· 107
해달 ······················ 20-21
해파리 ······················ 63
홍학 ······················ 68-69

칼리 소로시악

칼리 소로시악은 《I, Cosmo》와 《My Life as a Cat》 그리고 두 권의 청소년 소설을 쓴 베스트셀러 작가입니다. 서배너 예술 디자인 학교에서 문예 창작을 가르치면서, 남편과 강아지와 함께 미국 조지아주 애틀랜타에 살고 있어요.

케이티 워커

케이티 워커는 수상 경력이 있는 일러스트레이터이자, 디자이너예요. 햇살이 좋은 영국의 브라이턴에서 활동하고 있습니다. 케이티는 여러 직업을 갖고 있습니다. 섬유 디자이너이기도 하고, 어린이책을 만드는 사람이기도 해요. 강아지를 주제로 한 보드게임에 삽화를 그리는 등 다양한 일을 했습니다. 동물에 관한 건 뭐든지 좋아하고, 머지않은 날에 강아지와 꼭 가족이 되고 싶대요.

사진 제공:
© 제이크 프랜시스

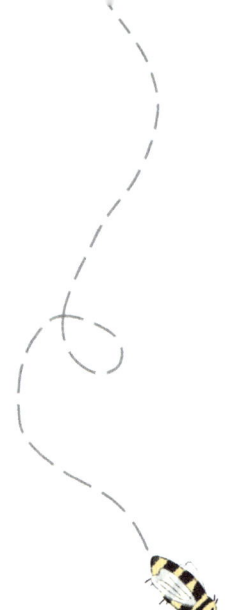